安全生产法

应知应会200问

ANQUAN SHENGCHANFA

YINGZHI YINGHUI 200 WEN

中国法制出版社

CHINA LEGAL PUBLISHING HOUSE

前言 PREFACE

《中华人民共和国安全生产法》由第九届全国人民代表大会常务委员会第二十八次会议于2002年6月29日通过，自2002年11月1日起施行。2009年8月27日进行了第一次修正；2014年8月31日进行了第二次修正；2021年6月10日第十三届全国人民代表大会常务委员会第二十九次会议通过的《关于修改〈中华人民共和国安全生产法〉的决定》对该法进行了第三次修正。

这次修改主要突出了以下五个方面：1. 明确规定安全工作坚持人民至上、生命至上，把保护人民生命安全摆在首位。2. 落实《中共中央、国务院关于推进安全生产领域改革发展的意见》，对安全生产工作的指导思想、基本原则、制度措施等作出新的重大部署。3. 健全安全生产责任体系。4. 强化新问题新风险的防范应对。5. 加大对违法行为的惩处力度，规定了更高的罚款金额、更严的处罚方式、更大的惩戒力度。

安全生产事关人民群众生命财产安全，事关改革开放、经济发展和社会稳定的大局，其重要性毋庸置疑。为满足社会各界尤其是安全生产领域从业者对《安全生产法》及相关安全生产知识学习、查阅的需要，我们编辑出版了这本《安全生产法应知应会200问》，以问答和漫画相结合的形式阐释了新《安全生产法》的热点问题与立法亮点。

看图说法——漫画图解，轻松学习法律知识

问答解法——答疑解惑，解析安全生产热点

案例释法——立足实践，精选案例全面解读

增值服务——随书附赠安全生产法条文新旧对照电子版

本书浅显易懂、风格活泼，希望本书能够有益于广大读者了解、学习、使用安全生产知识！此外，对于本书的不足之处，还望读者不吝批评指正！

编者

2021 年 6 月

安全生产法条文新旧对照，扫码阅读

目 录 CONTENTS

上篇：看图说法

中篇：问答解法

下篇：案例释法

上篇

看图说法

1. 特种设备安全问题是否属于《安全生产法》的管辖范围?

《安全生产法》调整的是生产经营活动中的安全问题，所以本法适用的范围只限定在生产经营领域。这里所说的“生产经营活动”，既包括资源的开采活动，各种产品的加工、制作活动，也包括各类工程建设和商业、娱乐业以及其他服务业的经营活动。

根据《特种设备安全法》的规定，特种设备是指对人身和财产安全有较大危险性的锅炉、压力容器（含气瓶）、压力管道、电梯、起重机械、客运索道、大型游乐设施、场（厂）内专用机动车辆，以及法律、行政法规规定适用《特种设备安全法》的其他特种设备。特种设备的安全涉及设计、制造、安装、改造、维修、使用、检测检验等多个环节，这些生产经营活动中的安全问题均属于《安全生产法》的管辖范围。同时，《安全生产法》亦规定，有关法律、行政法规对消防安全和道路交通安全、铁路交通安全、水上交通安全、民用航空安全以及核与辐射安全、特种设备安全另有规定的，适用其规定。

2. 新时代对安全生产工作有何要求?

新时代对安全生产工作提出了更高的要求。我们应当以人为本，坚持人民至上、生命至上，把保护人民生命安全摆在首位，树牢安全发展理念，大力实施安全发展战略。

2021年《安全生产法》修改，专门增加规定，安全生产工作应当以人为本，坚持人民至上、生命至上，把保护人民生命安全摆在首位，树牢安全发展理念，坚持安全第一、预防为主、综合治理的方针，从源头上防范化解重大安全风险。人的生命是最宝贵的，人民群众的生命安全是其根本利益所在。从事生产，要把保证人民群众的生命安全放在各项工作的重要位置。保障安全是从事生产经营活动的基本条件，一切生产经营单位从事生产经营活动，首先必须确保安全，无法保证安全的，不得从事生产经营活动。

3. 安全生产管理是生产经营单位的法定义务吗？

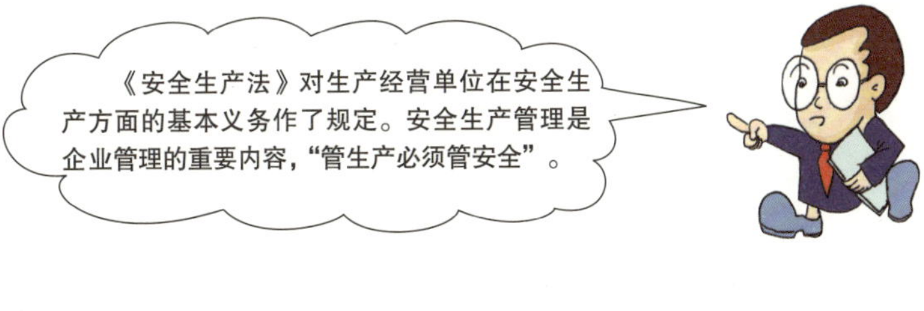

《安全生产法》第4条规定，生产经营单位必须遵守本法和其他有关安全生产的法律、法规，加强安全生产管理，建立健全全员安全生产责任制和安全生产规章制度，加大对安全生产资金、物资、技术、人员的投入保障力度，改善安全生产条件，加强安全生产标准化、信息化建设，构建安全风险分级管控和隐患排查治理双重预防机制，健全风险防范化解机制，提高安全生产水平，确保安全生产。平台经济等新兴行业、领域的生产经营单位应当根据本行业、领域的特点，建立健全并落实全员安全生产责任制，加强从业人员安全生产教育和培训，履行本法和其他法律、法规规定的有关安全生产义务。可见，安全生产管理是生产经营单位在生产经营活动全过程中必须遵守的制度。

4. 工会是否对安全生产工作依法享有监督权？

工会依法对安全生产工作进行监督。工会的基本职责是维护劳动者的合法权益，因此对生产经营单位事关劳动者生命安全的安全生产工作有权进行监督。

根据《安全生产法》第7条的规定，工会依法对安全生产工作进行监督。工会是职工自愿结合的工人阶级的群众组织，工会组织代表职工的利益，依法维护职工的合法权益，包括依法维护职工在安全生产方面的合法权益。安全生产直接涉及职工的生命安全与身体健康，是职工根本利益的具体体现。工会依法维护职工的合法权益，主要表现在通过组织职工参加本单位安全生产工作的民主管理和民主监督，维护职工在安全生产方面的合法权益。

5. 哪些政府机关应当制定安全生产规划？

安全生产规划，是各级人民政府制定的比较全面长远的安全生产发展计划，是对未来整体性、长期性、基本性问题的考量，是设计未来整套行动的方案。

《安全生产法》第8条规定，国务院和县级以上地方各级人民政府应当根据国民经济和社会发展规划制定安全生产规划，并组织实施。安全生产规划应当与国土空间规划等相关规划相衔接。

地方各级人民政府应当按照要求制定本地区的安全生产规划，并把安全生产目标、任务、措施和重点工程等纳入本地区发展规划。制定安全生产规划时，应当以国民经济和社会发展规划为依据。同时，安全生产规划应当与国土空间规划等相关规划相衔接。也就是说，一方面，安全生产规划中涉及国土空间规划的内容应当与国土空间规划相衔接，如安全生产规划中有关危险化学品的化工园区建设、涉及化工产业布局，就应当与国土空间规划相衔接。另一方面，编制国土空间规划时，也应当考虑安全生产因素。县级以上地方各级人民政府应当组织有关部门建立完善安全风险评估与论证机制，按照安全风险管控要求，进行产业规划和空间布局，并对位置相邻、行业相近、业态相似的生产经营单位实施重大安全风险联防联控。

6. 生产经营单位必须强制执行安全生产的国家标准吗？

根据《标准化法》的规定，国家标准、行业标准分为强制性标准和可以自愿采用的推荐性标准，前者必须强制执行，后者可以自愿采用。

根据《安全生产法》第 11 条的规定，国务院有关部门应当按照保障安全生产的要求，依法及时制定有关的国家标准或者行业标准。这里讲的“依法”主要是指依照《标准化法》的规定。根据《标准化法》的规定，国家标准、行业标准分为强制性标准和可以自愿采用的推荐性标准。保障人身健康和生命财产安全、国家安全、生态环境安全以及满足经济社会管理基本需要的技术要求的标准为强制性标准，其他标准为推荐性标准。同时，《安全生产法》第 11 条第 2 款亦规定，生产经营单位必须执行依法制定的保障安全生产的国家标准或者行业标准。

7. 政府有义务做好安全生产的宣传工作吗？

安全生产工作事关国家和人民群众的生命财产安全。做好安全生产工作，必须要有广大职工和社会公众积极主动的参与。

安全生产工作事关国家和人民群众的生命财产安全。做好安全生产的宣传工作，增强全社会的安全生产意识，政府义不容辞。根据《安全生产法》的规定，各级人民政府应当采取多种形式，利用电视、报纸、广播以及互联网等新媒体，大力开展对安全生产法律、法规的宣传，使有关安全生产的法律、法规的规定为广大职工和公众所熟悉。政府及有关部门要针对不同行业生产经营活动的特点，对包括生产经营单位负责人在内的全体职工进行有关安全生产知识的宣传教育，使各级管理人员和职工群众掌握本职工作所需要的安全生产知识，做到管理人员不违章指挥，作业人员不违章作业，人人增强安全生产意识，加强自我保护，尽可能防止和减少生产安全事故。

8. 有关协会组织在安全生产方面有哪些职责？

《安全生产法》规定了协会组织在安全生产方面的职责，主要目的是明确行业协会、商会等协会组织在安全生产方面的作用。

根据《安全生产法》第14条的规定，有关协会组织依照法律、行政法规和章程，为生产经营单位提供安全生产方面的信息、培训等服务，发挥自律作用，促进生产经营单位加强安全生产管理。

目前我国行业组织数量较多，涉及生产经营的各个领域。其中，中国安全生产协会是安全生产领域的专业协会，设有秘书处办公室、资产财务工作部、会员联络部、安全标准化与安全文化建设办公室、科技发展部（安全评价工作委员会秘书处）、安全生产史志办公室、国际合作部等7个部门，设立教育培训、安全评价、班组安全建设、信息化、中小学安全教育、中小企业、产业协同发展等7个工作委员会，危险化学品、劳动防护、冶金安全、安全生产检测检验、矿用产品、轨道交通建设安全等6个专业委员会及航天分会。该协会贯彻“安全第一、预防为主、综合治理”的安全生产方针，总结、交流和推广安全生产先进管理经验，组织实施安全生产标准化工作，提高企业安全管理水平；开展安全生产宣传和教育、培训活动及安全生产公益性活动、咨询服务。

总之，协会组织应当立足“提供服务、反映诉求、规范行为”的职责定位，在促进我国安全生产状况的根本好转方面发挥更大的作用。

9. 生产安全事故应当追究谁的法律责任？

鉴于生产安全事故对人民群众的生命、财产造成严重的损害，对因人为原因造成的责任事故，必须依法追究相关人员的法律责任，以示警戒和教育的作用。

《安全生产法》第16条规定，国家实行生产安全事故责任追究制度，依照本法和有关法律、法规的规定，追究生产安全事故责任单位和责任人员的法律责任。

依法严肃追究生产安全事故有关责任人员的法律责任，对于惩罚和教育责任者本人、促使有关人员提高责任心，保证有关安全生产的法律、法规得到遵守，保障安全生产，具有十分重大的意义。在追究事故责任时，必须贯彻“责任面前人人平等”的精神。生产安全事故责任人员，既包括生产经营单位中对造成事故负有直接责任的人员，也包括生产经营单位中对安全生产负有领导责任的单位负责人，还包括有关地方人民政府及其有关对安全生产事故的发生负有领导责任或者有失职、渎职情形的有关人员。

10. 生产经营单位的负责人对安全生产工作负有哪些职责？

生产经营单位的主要负责人，作为本单位安全生产第一责任人，必须对本单位的安全生产工作全面负责。

《安全生产法》第21条规定，生产经营单位的主要负责人对本单位安全生产工作负有下列职责：

（1）建立健全并落实本单位全员安全生产责任制，加强安全生产标准化建设；

（2）组织制定并实施本单位安全生产规章制度和操作规程；

（3）组织制定并实施本单位安全生产教育和培训计划；

（4）保证本单位安全生产投入的有效实施；

（5）组织建立并落实安全风险分级管控和隐患排查治理双重预防工作机制，督促、检查本单位的安全生产工作，及时消除生产安全事故隐患；

（6）组织制定并实施本单位的生产安全事故应急救援预案；

（7）及时、如实报告生产安全事故。

11. 生产经营单位应当如何落实全员安全生产责任制?

《安全生产法》第22条确立了“全员安全生产责任制”，目的在于明确安全生产责任应落实到生产经营单位的各岗位责任人员。

根据《安全生产法》第22条的规定，生产经营单位的全员安全生产责任制应当明确各岗位的责任人员、责任范围和考核标准等内容。生产经营单位应当建立相应的机制，加强对全员安全生产责任制落实情况的监督考核，保证全员安全生产责任制的落实。

按照“管行业必须管安全、管业务必须管安全、管生产经营必须管安全”的原则，生产经营单位应当建立纵向到底、横向到边的全员安全生产责任制，以保证安全生产工作人人有责、各负其责。另外，其责任范围及相关考核标准也应当清楚明确。

生产经营单位应当根据本单位实际，建立由本单位主要负责人牵头、相关负责人、安全生产管理机构负责人以及人事、财务等相关职能部门人员组成的全员安全生产责任制监督考核领导机构，协调处理全员安全生产责任制执行中的问题。主要负责人对全员安全生产责任制落实情况全面负责，安全生产管理机构具体负责全员安全生产责任制的监督和考核工作。落实全员安全生产责任制，有利于调动全体员工的积极性和创造性，形成人人关心安全生产、人人提升安全素质、人人做好安全生产的局面。

12. 生产经营单位必须有相应的安全生产费用吗？

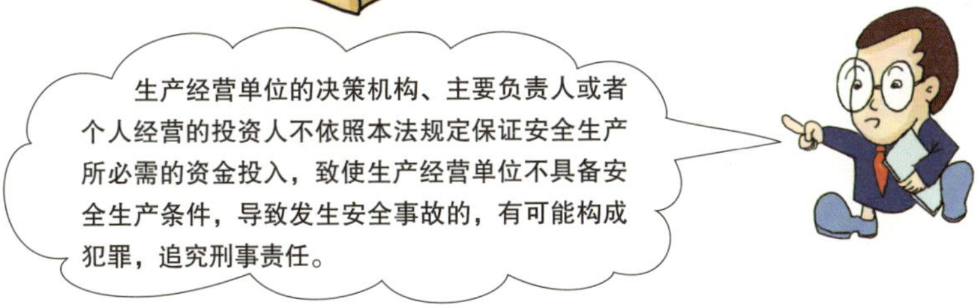

《安全生产法》第23条规定，生产经营单位应当具备的安全生产条件所必需的资金投入，由生产经营单位的决策机构、主要负责人或者个人经营的投资人予以保证，并对由于安全生产所必需的资金投入不足导致的后果承担责任。

有关生产经营单位应当按照规定提取和使用安全生产费用，专门用于改善安全生产条件。安全生产费用在成本中据实列支。安全生产费用提取、使用和监督管理的具体办法由国务院财政部门会同国务院应急管理部门征求国务院有关部门意见后制定。

生产经营单位要达到相应的安全生产条件，必须要有一定的资金保证，用于安全设施的建设、安全设备的购置，为从业人员配备劳动防护用品，对安全设备进行检测、维护、保养等。

13. 哪些生产经营单位必须配备专职安全生产管理人员？

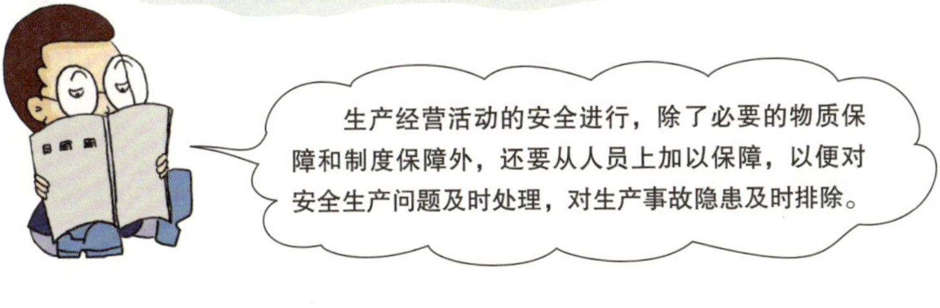

“安全生产管理机构”，是指生产经营单位内部设立的专门负责安全生产管理事务的独立的部门；“专职安全生产管理人员”，是指在生产经营单位中专门负责安全生产管理，不再兼做其他工作的人员。

根据《安全生产法》第 24 条的规定，主要有以下单位应当设置安全生产管理机构或者配备专职安全生产管理人员：

（1）矿山、金属冶炼、建筑施工、运输单位和危险物品的生产、经营、储存、装卸单位，应当设置安全生产管理机构或者配备专职安全生产管理人员。矿山、金属冶炼、建筑施工、运输单位和危险物品的生产、经营、储存、装卸是危险性比较大的生产经营活动，因此，从事这些活动的单位必须在单位内成立专门从事安全生产管理工作的机构，或者配备专职的人员从事安全生产管理工作。

（2）除上面所述单位外，其他生产经营单位，从业人员超过 100 人的，应当设置安全生产管理机构或者配备专职安全生产管理人员。从业人员超过 100 人的生产经营单位大多规模较大，其作业场所人员密集，如服装加工企业、人工装配、包装等场所。对于这类生产经营单位，考虑到从业人员较多，一旦发生事故，造成的损失也可能较大，安全生产工作尤其重要。因此，必须在单位内成立专门从事安全生产管理工作的机构，或者配备专职的人员从事安全生产管理工作。

（3）除上面所述单位外，其他生产经营单位，从业人员在 100 人以下的，应当配备专职或者兼职的安全生产管理人员。从业人员在 100 人以下的其他生产经营单位，从事的生产经营活动风险较小，生产经营的规模也较小。因此，法律规定不要求其必须设置安全生产管理机构，可以配备专职的安全生产管理人员，也可以配备兼职的安全生产管理人员。

14. 安全生产管理机构以及安全生产管理人员负有哪些职责？

生产经营单位的安全生产管理机构以及安全生产管理人员应当恪尽职守，依法履行职责。生产经营单位作出涉及安全生产的经营决策，应当听取安全生产管理机构以及安全生产管理人员的意见。

《安全生产法》第25条规定，生产经营单位的安全生产管理机构以及安全生产管理人员履行下列职责：

（1）组织或者参与拟订本单位安全生产规章制度、操作规程和生产安全事故应急救援预案；

（2）组织或者参与本单位安全生产教育和培训，如实记录安全生产教育和培训情况；

（3）组织开展危险源辨识和评估，督促落实本单位重大危险源的安全管理措施；

（4）组织或者参与本单位应急救援演练；

（5）检查本单位的安全生产状况，及时排查生产安全事故隐患，提出改进安全生产管理的建议；

（6）制止和纠正违章指挥、强令冒险作业、违反操作规程的行为；

（7）督促落实本单位安全生产整改措施。

生产经营单位可以设置专职安全生产分管负责人，协助本单位主要负责人履行安全生产管理职责。

15. 生产经营单位必须对从业人员进行安全生产教育和培训吗？

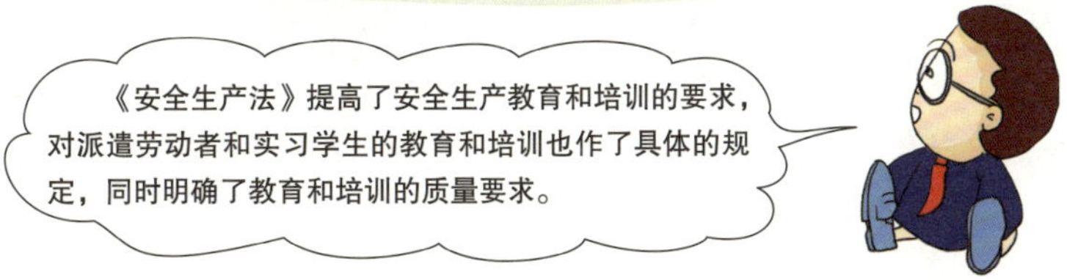

《安全生产法》第28条规定，生产经营单位应当对从业人员进行安全生产教育和培训，保证从业人员具备必要的安全生产知识，熟悉有关的安全生产规章制度和安全操作规程，掌握本岗位的安全操作技能，了解事故应急处理措施，知悉自身在安全生产方面的权利和义务。未经安全生产教育和培训合格的从业人员，不得上岗作业。

生产经营单位使用被派遣劳动者的，应当将被派遣劳动者纳入本单位从业人员统一管理，对被派遣劳动者进行岗位安全操作规程和安全操作技能的教育和培训。劳务派遣单位应当对被派遣劳动者进行必要的安全生产教育和培训。

生产经营单位接收中等职业学校、高等学校学生实习的，应当对实习学生进行相应的安全生产教育和培训，提供必要的劳动防护用品。学校应当协助生产经营单位对实习学生进行安全生产教育和培训。

生产经营单位应当建立安全生产教育和培训档案，如实记录安全生产教育和培训的时间、内容、参加人员以及考核结果等情况。

16. 什么是“三同时”原则？

咱们公司新建车间的项目，安全设施做到位了吗？
现在要求得很严格，安全设施跟主体工程都是同时进行的。

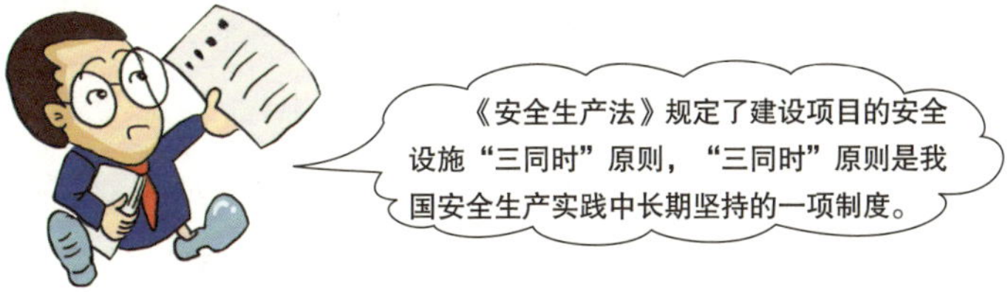
《安全生产法》规定了建设项目的安全设施“三同时”原则，“三同时”原则是我国安全生产实践中长期坚持的一项制度。

根据《安全生产法》第31条的规定，生产经营单位新建、改建、扩建工程项目的安全设施，必须与主体工程同时设计、同时施工、同时投入生产和使用。安全设施投资应当纳入建设项目概算。

新建、改建、扩建工程项目的安全设施必须与主体工程同时设计、同时施工、同时投入生产和使用，通常称为“三同时”原则。

所谓“新建”，是指从基础开始建造的建设项目，按照国家规定也包括原有基础很小，经扩大建设规模后，其新增固定资产价值超过原有固定资产价值3倍以上，并需要重新进行总体设计的建设项目；迁移厂址的建设工程（不包括留在原厂址的部分），符合新建条件的建设项目。所谓“扩建”，是指在原有基础上加以扩充的建设项目，包括扩大原有产品生产能力、增加新产品生产能力，以及为取得新的效益和使用功能而新建主要生产场所或工程的建设活动。对于建筑工程，扩建主要是指在原有基础上加高加层（需重新建造基础的工程属于新建项目）。所谓“改建”，是指不增加建筑物或建设项目体量，在原有基础上，为提高生产效率，改进产品质量，改变产品方向，或改善建筑物使用功能、改变使用目的，对原有工程进行改造的建设项目。装修工程也是改建。企业为了平衡生产能力，增加一些附属、辅助车间或非生产性工程，也属于改建项目。在改建的同时，扩大主要产品的生产能力或增加新效益的项目，一般称为改扩建项目。所谓“建设项目安全设施”，是指生产经营单位在生产经营活动中用于预防生产安全事故的设备、设施、装置、构（建）筑物和其他技术措施的总称。根据有关规定，生产经营单位是建设项目安全设施建设的责任主体。一般来讲，建设项目安全设施的“三同时”应当达到以下要求：（1）建设项目的设计单位在编制建设项目投资计划文件时，应同时按照有关法律、法规、国家标准或者行业标准以及设计规范，编制安全设施的设计文件。安全设施的设计不得随意降低安全设施的标准。（2）生产经营单位在编制建设项目投资计划和财务计划时，应将安全设施所需投资一并纳入计划，同时编报。（3）对于按照有关规定项目设计需报经主管部门批准的建设项目，在报批时，应当同时报送安全设施设计文件；按照规定，安全设施设计需报主管的负有安全生产监督管理职责的部门审批的，应报主管的负有安全生产监督管理职责的部门批准。（4）生产经营单位应当要求具体从事建设项目施工的单位严格按照安全设施的施工图纸和设计要求施工。安全设施与主体工程应同时进行施工，安全设施的施工不得偷工减料，降低建设质量。（5）在生产设备调试阶段，应同时对安全设施进行调试和考核，并对其效果进行评价。（6）建设项目验收时，应同时对安全设施进行验收。（7）安全设施应当与主体工程同时投入生产和使用。

17. 哪些情况下必须设置明显的安全警示标志？

在具有危险因素的地方设置安全警示标志，有利于保障从业人员的知情权，提高他们的安全生产意识。这里的“危险因素”主要指能对人造成伤亡或者对物造成突发性损害的各种因素。

《安全生产法》第35条规定，生产经营单位应当在有较大危险因素的生产经营场所和有关设施、设备上，设置明显的安全警示标志。

在有较大危险因素的生产经营场所和有关设施、设备上设置安全警示标志，是生产经营单位的基本义务之一，也是生产经营单位安全生产管理工作的重要内容，必须切实重视，认真执行。执行这一规定，要求生产经营单位根据本单位的生产经营性质、有关设施、设备的安全性能等因素，确定哪些属于有较大危险因素的作业场所和有关设施、设备。一般说来，有较大危险因素的作业场所和有关设施、设备，是指因生产经营场所进行的作业性质、使用的设备、材料或者储存的物品有危险因素，容易造成从业人员或者其他人员伤亡，或者有关设施、设备在操作使用中容易对人身造成伤害。例如，切割车间、吊装作业现场、危险物品的储存仓库等，就是具有较大危险因素的场所。对这些有较大危险因素的生产经营作业场所和有关设施、设备，应当设置明显的安全警示标志。所谓“安全警示标志”是指提醒人们注意的各种标牌、文字、符号以及灯光等。如，有人活动的坑槽、洞口、梯道、桥涵等处，应设立红灯示警。生产经营单位的有关道路应该坚实平坦、畅通，减少弯道和交叉。必须交叉时，应当设置明显的警告标志，夜间保证充足照明和红灯示警。在施工现场的悬崖、陡坎等危险地区应有警戒标志，夜间要设红灯示警。另外，在施工现场坑、井、沟和各种孔洞，易燃易爆场所，变压器周围，都要指定专人设置安全标志，夜间要设红灯示警；同时，安全警示标志还应当明显，便于为作业人员及社会公众所识别，如果是灯光标志，需要其明亮显眼；如果是文字图形标志，则要求其明确易懂。各种警告标志，未经有关负责人批准，不得移动和拆除。

18. 使用安全设备应注意哪些问题？

安全设备投入使用之后，由于各种内外因素，不可避免地会出现各种问题。为了保证生产经营活动的安全进行、保障从业人员的生命安全，遵守国家标准或行业标准，并对设备进行维护、保养和检测，就显得非常重要。

《安全生产法》第36条规定，安全设备的设计、制造、安装、使用、检测、维修、改造和报废，应当符合国家标准或者行业标准。生产经营单位必须对安全设备进行经常性维护、保养，并定期检测，保证正常运转。维护、保养、检测应当作好记录，并由有关人员签字。生产经营单位不得关闭、破坏直接关系生产安全的监控、报警、防护、救生设备、设施，或者篡改、隐瞒、销毁其相关数据、信息。餐饮等行业的生产经营单位使用燃气的，应当安装可燃气体报警装置，并保障其正常使用。

安全设备，主要是指为了保护从业人员等生产经营活动参与者的安全，防止生产安全事故发生以及在发生生产安全事故时用于救援而安装使用的机械设备和器械，如矿山使用的自救器、灭火设备以及各种安全检测仪器，如安全检测系统、瓦斯检测器、测风仪表、氧气检测仪、顶板压力监测仪器。安全设备有的是作为生产经营装备的附属设备，需要与这些装备配合使用；有的则是能够在保证安全生产方面独立发挥作用。这些安全设备需要按照国家有关要求在生产经营活动中配备，以确保生产安全和事故救援顺利进行。

使用安全设备的生产经营单位必须对其进行经常性维护、保养，并定期检测，保证安全设备的正常运转和处于良好的状态，发挥保证安全的效用。对维护、保养、检测的有关情况应当作好记录，并由有关人员签字。记录的内容，一般应当包括经常性维护、保养和定期检测的时间、地点、人员、安全设备的名称，维护、保养、检测的结果，发现的问题以及问题的处理情况等。记录是相关工作开展的见证，是重要的追溯资料，也是相关单位履行义务的凭证。需要在记录上签字的有关人员，包括直接从事维护、保养、检测的技术人员以及相关的安全生产管理人员。必要时，生产经营单位的主要负责人也要签字。

19. 严重危及生产安全的工艺、设备必须淘汰吗?

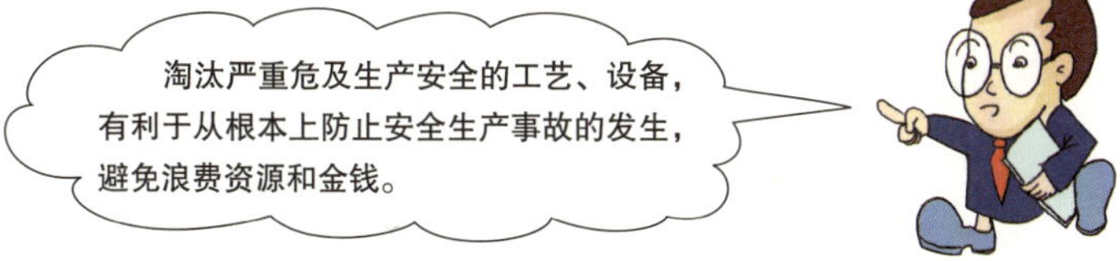

《安全生产法》第 38 条规定，国家对严重危及生产安全的工艺、设备实行淘汰制度，具体目录由国务院应急管理部门会同国务院有关部门制定并公布。法律、行政法规对目录的制定另有规定的，适用其规定。省、自治区、直辖市人民政府可以根据本地区实际情况制定并公布具体目录，对前述规定以外的危及生产安全的工艺、设备予以淘汰。生产经营单位不得使用应当淘汰的危及生产安全的工艺、设备。

20. 生产经营单位有义务监督从业人员遵守安全操作规程吗？

生产经营单位必须为从业人员提供符合国家标准或者行业标准的劳动防护用品，并监督、教育从业人员按照使用规则佩戴、使用。

《安全生产法》第44条第1款规定，生产经营单位应当教育和督促从业人员严格执行本单位的安全生产规章制度和安全操作规程；并向从业人员如实告知作业场所和工作岗位存在的危险因素、防范措施以及事故应急措施。

生产经营单位履行安全生产义务，除了企业负责人和其他管理人员遵守法律、法规和有关标准的规定、制定各项安全管理制度外，更重要的是采取各种措施提高从业人员的安全意识和安全操作水平，使每一名从业人员都行动起来，确保安全管理的各项规定落实到生产经营活动的每一个环节，这样才能切实提高企业的生产安全水平。

此外，生产经营单位应当关注从业人员的身体、心理状况和行为习惯，加强对从业人员的心理疏导、精神慰藉，严格落实岗位安全生产责任，防范从业人员行为异常导致事故发生。

21. 生产经营单位必须依法参加工伤保险吗？

生产经营单位必须依法参加工伤保险，还应充分发挥安全生产责任保险在事故预防、救援以及赔付等方面的作用，作为工伤保险的有益补充。

工伤保险，是指职工在劳动过程中发生生产安全事故以及职业病，暂时或者永久地丧失劳动能力时，在医疗和生活上获得物质帮助的一种社会保险制度。《安全生产法》第51条第1款规定，生产经营单位必须依法参加工伤保险，为从业人员缴纳保险费。这是强制性规定，生产经营单位必须严格遵守，否则，依照有关规定将承担相应的法律责任。

国家还鼓励生产经营单位投保安全生产责任保险；属于国家规定的高危行业、领域的生产经营单位，应当投保安全生产责任保险。具体范围和实施办法由国务院应急管理部门会同国务院财政部门、国务院保险监督管理机构和相关行业主管部门制定。

22. 劳动合同中是否可以约定安全事故责任的承担？

《安全生产法》明确规定了劳动合同中的劳动安全必备事项以及禁止订立非法协议。劳动合同是劳动者与用人单位签订的确立劳动关系、明确双方权利和义务的协议，对保护劳动者的合法权益有重要意义。

《安全生产法》第52条第2款规定，生产经营单位不得以任何形式与从业人员订立协议，免除或者减轻其对从业人员因生产安全事故伤亡依法应承担的责任。

从业人员因生产安全事故受到伤害的求偿权利，是一项根本性的权利，任何单位和个人都无权剥夺。根据有关法律规定，订立劳动合同必须遵守以下各项原则：

（1）合法原则。包括主体合法、形式合法和内容合法。主体合法是指订立劳动合同的双方当事人具有劳动法确定的主体资格。形式合法是指订立劳动合同的形式符合法律规定，即以书面形式订立。内容合法是指订立劳动合同的内容必须符合劳动法律的规定。

（2）平等自愿原则。即订立劳动合同时必须是双方平等自愿，任何一方不能凌驾于另一方之上，双方当事人订立什么样的劳动合同，确立什么样的劳动关系，权利义务如何设定，完全取决于当事人自愿，任何一方不得将自己的意志强加于另一方，更不得采取欺诈、威胁等手段，强迫他方接受其不合理的要求，订立不公平、不平等的合同。

（3）协商一致原则。在订立合同过程中，合同订立与否以及合同内容如何，都只能在双方当事人协商一致的基础上确定。

生产经营单位与从业人员签订“工伤概不负责”等不利于从业人员内容的协议，与上述订立劳动合同的原则明显不符，是无效协议，不受法律保护，不能减轻和免除生产经营单位对从业人员因生产安全事故伤亡依法应承担的责任。

23. 哪些情况下职工可以行使紧急撤离权？

《安全生产法》规定了从业人员的“紧急撤离权”，法律所限定的特定情况是“发现直接危及人身安全的紧急情况”，这是从业人员行使紧急撤离权的前提条件。

《安全生产法》第55条规定，从业人员发现直接危及人身安全的紧急情况时，有权停止作业或者在采取可能的应急措施后撤离作业场所。生产经营单位不得因从业人员在紧急情况下停止作业或者采取紧急撤离措施而降低其工资、福利等待遇或者解除与其订立的劳动合同。

法律赋予了从业人员在紧急情况下停止作业或在采取可能的应急措施后撤离作业场所的权利，简称紧急撤离权，目的是保护从业人员的人身安全。法律所限定的特定情况是“发现直接危及人身安全的紧急情况”，也就是从业人员紧急撤离权需要在法律所限定的特定情况下行使，如果不撤离会对其生命安全和健康造成直接的威胁。紧急撤离权包括两层含义：一是停止作业，马上撤离作业场所；二是在采取可能的应急措施后撤离作业场所。

24. 生产安全事故工伤人员有权向本单位提出赔偿要求吗？

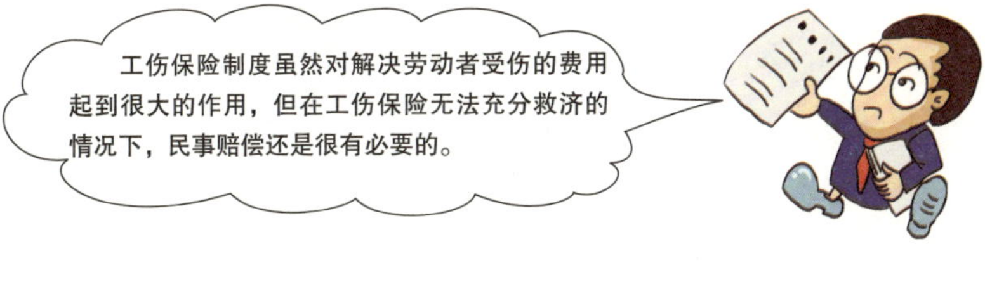

《安全生产法》第56条规定，生产经营单位发生生产安全事故后，应当及时采取措施救治有关人员。因生产安全事故受到损害的从业人员，除依法享有工伤保险外，依照有关民事法律尚有获得赔偿的权利的，有权提出赔偿要求。从这一规定可以看出，一是从业人员因生产安全事故受到损害的，依法享受工伤保险待遇。二是从业人员因生产安全事故受到损害的，依照有关民事法律尚有获得赔偿的权利的，有权向本单位提出赔偿要求。

用人单位为劳动者参加工伤保险，并不意味着绝对排除了其在劳动者遭受工伤时的民事赔偿责任。由于工伤保险待遇项目有确定的范围，有的项目赔偿标准也不高，有些情况下劳动者通过工伤保险并不能得到充分救济，而侵权损害赔偿可以更好弥补受害人及其亲属的相关损失。例如，《民法典》第1183条规定，侵害自然人人身权益造成严重精神损害的，被侵权人有权请求精神损害赔偿。因故意或者重大过失侵害自然人具有人身意义的特定物造成严重精神损害的，被侵权人有权请求精神损害赔偿。另外，工伤保险对劳动者就医的医院以及治疗所使用的药品范围等都有比较多的限制，这些费用都需要劳动者向用人单位主张侵权损害赔偿获得救济。

因此，为了确保从业人员在因生产安全事故遭受损害的情况下可以获得充分、合理的救济，法律规定了从业人员依法享受工伤保险待遇和依法向用人单位主张民事损害赔偿的相关权利，从业人员在依法行使相关权利时，用人单位不得无故推诿、拒绝承担其依法应当承担的法律责任。

25. 企业职工有义务及时报告安全隐患吗?

生产安全事故的发生虽然有意外性、偶然性和突发性，但早发现、早预防就可以尽量减小发生的可能。处于安全生产第一线的从业人员，最有可能及时发现事故隐患或者其他不安全因素，需承担及时报告的义务。

《安全生产法》第59条规定，从业人员发现事故隐患或者其他不安全因素，应当立即向现场安全生产管理人员或者本单位负责人报告；接到报告的人员应当及时予以处理。

本条对从业人员发现事故隐患或者其他不安全因素规定了报告义务，这也符合职工参与安全生产工作的机制要求。其报告义务有两点要求：一是在发现上述情况后，应当立即报告，因为安全生产事故的特点之一是突发性，如果拖延报告，则使事故发生的可能性加大，若发生了事故则悔之晚矣。二是接受报告的主体是现场安全生产管理人员或者本单位的负责人，以便于对事故隐患或者其他不安全因素及时作出处理，避免事故的发生。接到报告的人员须及时进行处理，以防止有关人员延误消除事故隐患的时机。

26. 政府部门有权要求企业购买指定品牌吗?

审查、验收行为，是由法定的政府部门代表国家行使监督管理权的行政行为，不得向被审查、验收的单位收取费用。

《安全生产法》第64条规定了两个禁止性规定：

一是负有安全生产监督管理职责的部门对涉及安全生产的事项进行审查、验收，不得收取费用。政府及其主管部门履行监督管理职责，是其正常的执行公务活动，所需费用由国家财政予以保障。

二是不得要求接受审查、验收的单位购买其指定品牌或者指定生产、销售单位的安全设备、器材或者其他产品。“指定”还包括“变相指定”等相关行为，表现为对审查、验收的单位自行选择购买的合格安全设备、器材或者其他产品不予认可，阻碍审查、验收的单位自由选择安全设备、器材或者其他产品的权利。

违反该条规定的，《安全生产法》规定了相应的法律责任。其中第91条明确规定，负有安全生产监督管理职责的部门，要求被审查、验收的单位购买其指定的安全设备、器材或者其他产品的，在对安全生产事项的审查、验收中收取费用的，由其上级机关或者监察机关责令改正，责令退还收取的费用；情节严重的，对直接负责的主管人员和其他直接责任人员依法给予处分。

27. 生产经营单位有义务配合监督检查工作吗？

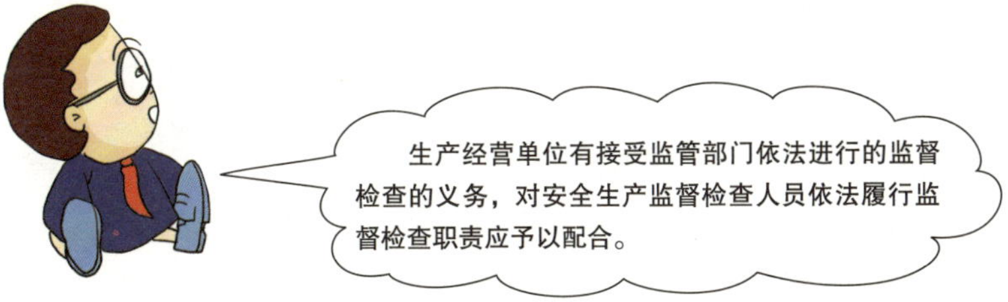

《安全生产法》第66条规定，生产经营单位对负有安全生产监督管理职责的部门的监督检查人员依法履行监督检查职责，应当予以配合，不得拒绝、阻挠。

生产经营单位有接受监管部门依法进行的监督检查的义务，对安全生产监督检查人员依法履行监督检查职责，应予以配合，不得拒绝、阻挠，包括允许监督检查人员进入相关场所实施现场检查，为监督检查人员依法履行职务提供便利条件，满足监督检查人员依法提出的调阅有关资料，检查有关设施、设备，找生产经营单位负责人或有关人员谈话了解有关情况等属于检查职权范围内的合法要求。

28. 安检人员执行监督检查任务时应注意哪些问题?

安全生产监督检查人员执行监督检查任务时，必须出示有效的监督执法证件；对涉及被检查单位的技术秘密和业务秘密，应当为其保密。

《安全生产法》第68条规定，安全生产监督检查人员应当将检查的时间、地点、内容、发现的问题及其处理情况，作出书面记录，并由检查人员和被检查单位的负责人签字；被检查单位的负责人拒绝签字的，检查人员应当将情况记录在案，并向负有安全生产监督管理职责的部门报告。

另外，根据《行政处罚法》的规定，行政机关在调查或者进行检查时，执法人员不得少于两人，并应当主动向当事人或者有关人员出示执法证件。

29. 哪些主体负有安全隐患报告义务？

《安全生产法》规定了居民委员会、村民委员会在安全生产方面应履行的报告义务。另外，任何单位或者个人对事故隐患或者安全生产违法行为，均有权向负有安全生产监督管理职责的部门报告或者举报。

《安全生产法》第74条规定，任何单位或者个人对事故隐患或者安全生产违法行为，均有权向负有安全生产监督管理职责的部门报告或者举报。因安全生产违法行为造成重大事故隐患或者导致重大事故，致使国家利益或者社会公共利益受到侵害的，人民检察院可以根据《民事诉讼法》《行政诉讼法》的相关规定提起公益诉讼。

《安全生产法》第75条规定，居民委员会、村民委员会发现其所在区域内的生产经营单位存在事故隐患或者安全生产违法行为时，应当向当地人民政府或者有关部门报告。

由此可见，任何单位或者个人均有权就事故隐患或者安全生产违法行为，向相关部门报告或举报。居民委员会、村民委员会对其所在区域内的安全隐患负有报告义务。

30. 生产经营单位有义务组织生产安全事故应急演练吗？

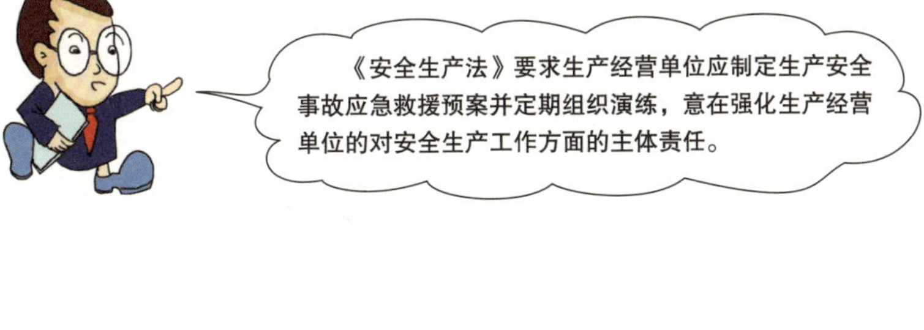

《安全生产法》第81条规定，生产经营单位应当制定本单位生产安全事故应急救援预案，与所在地县级以上地方人民政府组织制定的生产安全事故应急救援预案相衔接，并定期组织演练。

生产经营单位应通过经常性的演练提高实战能力和水平。按照《生产安全事故应急预案管理办法》的要求，生产经营单位应当制定本单位的应急预案演练计划，根据本单位的事故风险特点，每年至少组织一次综合应急预案演练或者专项应急预案演练，每半年至少组织一次现场处置方案演练。应急预案演练结束后，应急预案演练组织单位应当对应急预案演练效果进行评估，撰写应急预案演练评估报告，分析存在的问题，并对应急预案提出修订意见。

31. 调查安全事故有哪些要求？

近年来，生产安全事故频发，应当按照科学严谨、依法依规、实事求是、注重实效的原则进行事故调查处理。

《安全生产法》第86条规定，事故调查处理应当按照科学严谨、依法依规、实事求是、注重实效的原则，及时、准确地查清事故原因，查明事故性质和责任，评估应急处置工作，总结事故教训，提出整改措施，并对事故责任单位和人员提出处理建议。事故调查报告应当依法及时向社会公布。事故调查和处理的具体办法由国务院制定。

事故发生单位应当及时全面落实整改措施，负有安全生产监督管理职责的部门应当加强监督检查。

负责事故调查处理的国务院有关部门和地方人民政府应当在批复事故调查报告后一年内，组织有关部门对事故整改和防范措施落实情况进行评估，并及时向社会公开评估结果；对不履行职责导致事故整改和防范措施没有落实的有关单位和人员，应当按照有关规定追究责任。

32. 安全生产管理人员是否对安全生产事故承担责任?

《安全生产法》明确了生产经营单位安全生产管理人员的责任，进一步完善了相关主体法律责任的规定。

《安全生产法》第96条规定，生产经营单位的其他负责人和安全生产管理人员未履行本法规定的安全生产管理职责的，责令限期改正，处1万元以上3万元以下的罚款；导致发生生产安全事故的，暂停或者吊销其与安全生产有关的资格，并处上一年年收入20%以上50%以下的罚款；构成犯罪的，依照《刑法》有关规定追究刑事责任。

安全生产管理人员未履行本法规定的安全生产管理职责而导致发生生产安全事故的，暂停或者吊销其与安全生产有关的资格。生产经营单位可以依法暂停让该安全生产管理人员负责安全生产管理工作，也可以依法对其进行撤换。危险物品的生产、储存单位以及矿山、金属冶炼单位应当由注册安全工程师从事安全生产管理工作，注册安全工程师应当保证执业活动的质量，如果这些单位负责安全生产管理工作的注册安全工程师不依法履行职责而导致发生生产安全事故的，有关部门还可以吊销其资格。安全生产管理人员构成犯罪的，依照《刑法》有关规定追究刑事责任。

这里需要说明的是，安全生产管理人员既包括生产经营单位的职工担任安全生产管理人员的情形，也包括生产经营单位根据《安全生产法》第15条的规定委托有关安全生产管理服务机构的人员承担本单位安全生产管理工作的情形。

中篇

问答解法

第一章　安全生产法律常识

1. 什么是安全生产?

安全生产，是指在生产经营活动中，为避免发生造成人员伤害和财产损失的事故，有效消除或控制危险和有害因素而采取一系列措施，使生产过程在符合规定的条件下进行，以保证从业人员的人身安全与健康、设备和设施免受损坏、环境免遭破坏，保证生产经营活动得以顺利进行的相关活动。其中，“生产”是广义的概念，不仅包括各种产品的生产活动，也包括各类工程建设和商业、娱乐业以及其他服务业的经营活动。

2. 《安全生产法》的立法目的是什么?

《安全生产法》是为了加强安全生产工作，防止和减少生产安全事故，保障人民群众生命和财产安全，促进经济社会持续健康发展制定的。

3. 为什么要修改《安全生产法》?

安全生产是关系人民群众生命财产安全的大事，是经济社会高质量发展的重要标志，是党和政府对人民利益高度负责的重要体现。新发展阶段、新发展理念、新发展格局对安全生产提出了更高的要求，需要对《安全生产法》进行修改完善。一是习近平总书记对加强安全生产工作作出一系列重要指示批示，2016 年 12 月，中共中央、国务院印发《关于推进安全生产领域改革发展的意见》，对安全生产工作的指导思想、基本原则、制度措施等作出新的重大部署，需要通过修法进一步贯彻落实。二是我国安全生产仍处于爬坡过坎期，过去长期积累的隐患集中暴露，新的风险不断涌现，需要通过修法进一步压实各方安全生产责任，有效防范化解重大安全风险。三是根据 2018 年《深化党和国家机构改革方案》，原国家安监总局的职责划入应急管理部，其他有关部门和职责也作了调整，需要通过修法对原来的法定职责进行修改。

4. 《安全生产法》修改的总体思路是什么？

一是将习近平总书记关于安全生产工作一系列重要指示批示精神和党中央、国务院有关决策部署转化为法律规定，确保落地见效。二是强化企业安全生产主体责任，建立完善安全风险预防控制体系，加大违法处罚力度，提高违法成本，推进依法治理。三是完善政府安全监管体制机制和责任制度，强化基础保障能力，依靠法治力量推进安全生产治理体系和治理能力现代化。

5. 我国有关安全生产的法律规范有哪些？

《安全生产法》是我国综合规范安全生产的法律，该法于 2021 年 6 月 10 日经全国人大常委会审议进行了第三次修正，并于 2021

年 9 月 1 日起施行。它适用于所有生产经营单位，同时，另有专门规范某一领域安全生产或涵盖安全生产内容的法律，如《矿山安全法》《消防法》《海上交通安全法》《道路交通安全法》《劳动法》《建筑法》《煤炭法》《铁路法》等。另外，我国还就安全生产条件的保障、安全生产监督管理、安全事故救援与调查处理、安全生产法律责任等方面出台了一系列的法规、规范性文件，如《安全生产事故隐患排查治理暂行规定》《生产安全事故应急条例》《生产安全事故报告和调查处理条例》《国务院关于特大安全事故行政责任追究的规定》等。

6. 哪些单位需要遵守《安全生产法》的有关规定?

《安全生产法》适用于在中华人民共和国领域内从事生产经营活动的单位，即一切合法或者非法从事生产经营活动的企业、事业单位和个体经济组织以及其他组织，包括国有企事业单位、集体所有制的企事业单位、股份制企业、中外合资经营企业、中外合作经营企业、外资企业、合伙企业、个人独资企业等，不论其性质如何、规模大小，只要是从事生产经营活动，都应遵守安全生产法的各项规定。

7. 安全生产的指导思想、工作方针和工作机制是什么?

《安全生产法》第 3 条规定，安全生产工作坚持中国共产党的领导。安全生产工作应当以人为本，坚持人民至上、生命至上，把保护人民生命安全摆在首位，树牢安全发展理念，坚持安全第一、预防为主、综合治理的方针，从源头上防范化解重大安全风险。安全生产工作实行管行业必须管安全、管业务必须管安全、管生产经营必须管安全，强化和落实生产经营单位主体责任与政府监管责任，建立生产经营单位负责、职工参与、政府监管、行业自律和社会监督的机制。

8. 什么是生产安全事故?

生产安全事故，是指生产经营单位在生产经营活动（包括与生产经营有关的活动）中突然发生的，伤害人身安全和健康、损坏设备设施或者造成直接经济损失，导致生产经营活动暂时中止或永远终止的意外事件。

9. 我国生产安全事故等级是如何划分的?

《安全生产法》第118条规定，本法规定的生产安全一般事故、较大事故、重大事故、特别重大事故的划分标准由国务院规定。按照国务院《生产安全事故报告和调查处理条例》的规定，根据生产安全事故造成的人员伤亡或者直接经济损失，事故一般分为四个等级：特别重大事故、重大事故、较大事故和一般事故。其中，特别重大事故，是指造成30人以上死亡，或者100人以上重伤（包括急性工业中毒，下同），或者1亿元以上直接经济损失的事故；重大事故，是指造成10人以上30人以下死亡，或者50人以上100人以下重伤，或者5000万元以上1亿元以下直接经济损失的事故；较大事故，是指造成3人以上10人以下死亡，或者10人以上50人以下重伤，或者1000万元以上5000万元以下直接经济损失的事故；一般事故，是指造成3人以下死亡，或者10人以下重伤，或者1000万元以下直接经济损失的事故。但环境污染事故、核设施事故、国防科研生产事故的划分不适用上述规定。

10. 什么是安全事故隐患？

《安全生产事故隐患排查治理暂行规定》第3条规定，安全生产事故隐患，是指生产经营单位违反安全生产法律、法规、规章、标准、规程和安全生产管理制度的规定，或者因其他因素在生产经营活动中存在可能导致事故发生的物的危险状态、人的不安全行为和管理上的缺陷。

11. 安全事故隐患等级是如何划分的？

事故隐患分为一般事故隐患和重大事故隐患。一般事故隐患，是指危害和整改难度较小，发现后能够立即整改排除的隐患。重大事故隐患，是指危害和整改难度较大，应当全部或者局部停产停业，并经过一定时间整改治理方能排除的隐患，或者因外部因素影响致使生产经营单位自身难以排除的隐患。这是一般性的规定。特殊行业对重大事故隐患的界定因行业性质而有所差异，例如，煤矿安全生产重大事故隐患应当按照《国务院关于预防煤矿生产安全事故的特别规定》《煤矿重大事故隐患判定标准》的规定认定。

12. 生产经营单位承担的安全生产主体责任具体包括哪些方面？

生产经营单位承担的安全生产主体责任，是指生产经营单位在生产经营活动全过程中必须在以下方面履行义务，承担责任，接受未尽责的追究：（1）依法设置安全生产管理机构或者配备专职安全生产管理人员。（2）建立健全全员安全生产责任制和安全生产规章制度。（3）持续具备法律、法规、规章、国家标准和行业标准规定的安全生产条件。（4）确保资金投入满足安全生产条件需要。（5）依法组织从业人员参加安全生产教育和培训。（6）如实告知从业人员作业场所和工作岗位存在的危险、危害因素、防范措施和事故应急措施，教育职工自觉承担安全生产义务。（7）为从业人员提供符合国家标准或行业标准的劳动防护用品，并监督教育从业人员按照规定佩戴使用。（8）对重大危险源登记建档，定期检测、监控。（9）预防和减少作业场所职业危害。（10）安全设施、设备（包括特种设备）符合安全管理的有关要求，按规定定期检测、检验。（11）依法制定生产安全事故应急救援预案，落实操作岗位应急措施。（12）组织建立并落实安全风险分级管控和隐患排查治理双重预防工作机制，督促、检查本单位的安全生产工作，及时消除生产安全事故隐患。（13）积极采取先进的安全生产技术、设备和工艺，提高安全生产科技保障水平；确保所使用的工艺装备及相关劳动工具符合安全生产要求。（14）保证新建、改建、扩建工程项目依法实施安全设施“三同时”。（15）统一协调、管理承包、承租单位安全生产工作。（16）依法参加工伤保险，为从业人员缴纳保险费；属于国家规定的高危行业、领域的，应当投保安全生产责任保险。（17）按要求上报生产安全事故，做好事故抢险救援，妥善处理对事故伤亡人员依法赔偿等事故善后工作。（18）法律、法规规定的其他安全生产责任。

13. 实践中，针对不同的企业形式，应该如何确定“生产经营单位的主要负责人”？

生产经营单位的主要负责人是本单位安全生产第一责任人，对本单位的安全生产工作全面负责。对企业而言，不同组织形式的企业生产经营单位的主要负责人有所不同，主要分以下两种类型：

第一，对于公司制的企业，按照《公司法》的规定，有限责任公司（包括国有独资公司）和股份有限公司的董事长是公司的法定代表人，经理负责“主持公司的生产经营管理工作”。因此，有限责任公司和股份有限公司的主要负责人应当是公司董事长和经理（总经理、首席执行官或其他实际履行经理职责的企业负责人）。

第二，对于非公司制的企业，主要负责人为企业的厂长、经理、矿长等企业行政“一把手”。例如，《全民所有制工业企业法》规定，企业实行厂长（经理）负责制，厂长是企业的法定代表人，对企业负有全面责任。

14. 生产经营单位从业人员在安全生产方面具有哪些权利和义务？

《安全生产法》第6条规定，生产经营单位的从业人员有依法获得安全生产保障的权利，并应当依法履行安全生产方面的义务。

从业人员享有的安全生产保障权利主要包括：（1）有关安全生产的知情权。包括获得安全生产教育和技能培训的权利，被如实告知作业场所和工作岗位存在的危险因素、防范措施及事故应急措施的权利。（2）有获得符合国家标准或行业标准的劳动防护用品的权利。(3) 有对安全生产问题提出批评、建议的权利。从业人员有权对本单位安全生产管理工作存在问题提出建议、批评、检举、控告,生产单位不得因此作出对从业人员不利的处分。(4) 有对违章指挥的拒绝权。从业人员对管理者作出的可能危及安全的违章指挥,有权拒绝执行,并不得因此受到对自己不利的处分。(5) 有采取紧急避险措施的权利。从业人员发现直接危及人身安全的紧急情况时,有权停止作业或者在采取紧急措施后撤离作业场所,并不得因此受到对自己不利的处分。(6) 在发生生产安全事故后,有获得及时抢救和医疗救治并获得工伤保险赔付的权利等。

从业人员在享有获得安全生产保障权利的同时,也负有以自己的行为保证安全生产的义务。主要包括:(1) 在作业过程中必须遵守本单位的安全生产规章制度和操作规程,服从管理,不得违章作业。(2) 接受安全生产教育和培训,掌握本职工作所需要的安全生产知识。(3) 发现事故隐患应当及时向本单位安全生产管理人员或主要负责人报告。(4) 正确使用和佩戴劳动防护用品。只有每个从业人员都认真履行自己在安全生产方面的法定义务,生产经营单位的安全生产工作才能有保证。

15. 各级人民政府在安全生产方面的职责有哪些?

《安全生产法》第8条规定,国务院和县级以上地方各级人民政府应当根据国民经济和社会发展规划制定安全生产规划,并组织实施。安全生产规划应当与国土空间规划等相关规划相衔接。各级人民政府应当加强安全生产基础设施建设和安全生产监管能力建设，所需经费列入本级预算。县级以上地方各级人民政府应当组织有关部门建立完善安全风险评估与论证机制，按照安全风险管控要求，进行产业规划和空间布局，并对位置相邻、行业相近、业态相似的生产经营单位实施重大安全风险联防联控。

16. 对于安全生产服务机构开展安全生产技术服务，法律法规有何要求？

安全生产服务机构开展安全生产技术服务，应当遵守公开、公正、诚信和自愿的原则，按照政府指导价或者行业自律价，与委托方签订委托协议，明确双方的权利和义务。安全生产服务机构必须遵守法律、行政法规的有关规定和执业准则，按照生产经营单位的委托，提供有关的安全评价、检测、检验、认证、咨询、培训、管理等服务。生产经营单位对安全生产服务机构有自主选择权。有关政府部门不得强令生产经营单位接受其指定机构的服务。

17. 生产经营单位能否因委托相关机构提供安全生产技术、管理服务，而减免其安全生产责任？

《安全生产法》第15条第2款特别强调，生产经营单位委托机构提供安全生产技术、管理服务的，保证安全生产的责任仍由本单位负责。接受生产经营单位的委托后，从事安全生产服务机构与生产经营单位之间是一种委托关系。根据《民法典》的规定，在委托范围之内，受托机构的一切行为后果都由委托的生产经营单位承担。生产经营单位委托相关机构为其安全生产提供技术、管理服务，属于单位内部安全生产管理的一种方式，对生产经营单位的安全生产责任本身没有任何影响，其安全生产责任并不因为委托相关机构就减轻或者免除。

18. 什么是生产安全事故责任追究制度？

《安全生产法》第 16 条明确规定，国家实行生产安全事故责任追究制度，依照本法和有关法律、法规的规定，追究生产安全事故责任单位和责任人员的法律责任。具体的责任形式包括以下几种：

（1）行政责任，一般分为政务处分和行政处罚。政务处分，是监察机关对违法的公职人员给予的惩戒。按照《公职人员政务处分法》的规定，政务处分的种类包括警告、记过、记大过、降级、撤职、开除等。行政处罚，是对有行政违法行为的单位或个人给予的行政制裁。按照《行政处罚法》的规定，行政处罚的种类包括警告、通报批评；罚款、没收违法所得、没收非法财物；暂扣许可证件、降低资质等级、吊销许可证件；限制开展生产经营活动、责令停产停业、责令关闭、限制从业；行政拘留；等等。

（2）民事责任，这是指依照《民法典》的规定，因安全事故造成人员、他人财产损失的，生产事故责任人应当承担的赔偿责任。赔偿责任主要包括造成人身和财产损害两方面的责任。例如，侵害他人造成人身损害的，应当赔偿医疗费、护理费、交通费等为治疗和康复支出的合理费用，以及因误工减少的收入。

（3）刑事责任，这是指有依照《刑法》规定构成犯罪的严重违法行为所应承担的法律后果。《刑法》“危害公共安全罪”一章中规定了重大责任事故罪，强令、组织他人违章冒险作业罪，危险作业罪，重大劳动安全事故罪，大型群众性活动重大安全事故罪，危险物品肇事罪，工程重大事故罪，教育设施重大安全事故罪，消防责任事故罪，不报、谎报安全事故罪等罪名。

19. 在安全生产方面取得显著成绩的单位和个人，可以获得奖励吗？

为了保证生产安全，预防和减少事故的发生，维护国家和人民群众的生命财产安全，有关单位和个人在安全生产方面取得显著成绩的，国家应当给予奖励，通过彰显他们的先进事迹，在全社会树立榜样，提高全社会的安全意识，推动安全生产工作。根据《安全生产法》第 19 条的规定，在以下三方面为安全生产工作作出显著成绩的，国家给予奖励：(1) 在改善安全生产条件方面取得显著成绩的，如通过发明创造、技术革新，发明了新的安全高效的机器、设备、工具等。(2) 在防止生产安全事故方面取得显著成绩的，如及时发现、消除了安全事故隐患，防止了重大事故的发生；提出了行之有效的事故预防、控制方法等。(3) 参加抢险救护取得显著成绩的。在事故的抢险救护工作中尽职尽责、见义勇为、不怕牺牲、不畏艰险，为抢救国家和人民的生命财产作出重要贡献的。

第二章　生产经营单位的安全生产保障

20. 什么是全员安全生产责任制?

2021年修正的《安全生产法》第22条在安全生产责任制的基础上确立了“全员安全生产责任制”，强调了安全生产责任应落实到生产经营单位的各岗位责任人员。该条规定，生产经营单位的全员安全生产责任制应当明确各岗位的责任人员、责任范围和考核标准等内容。生产经营单位应当建立相应的机制，加强对全员安全生产责任制落实情况的监督考核，保证全员安全生产责任制的落实。

21. 怎样保证安全生产资金投入?安全生产费用的提取和使用有什么规定?

《安全生产法》第23条规定，生产经营单位应当具备的安全生产条件所必需的资金投入，由生产经营单位的决策机构、主要负责人或者个人经营的投资人予以保证，并对由于安全生产所必需的资金投入不足导致的后果承担责任。

有关生产经营单位应当按照规定提取和使用安全生产费用，专门用于改善安全生产条件。安全生产费用在成本中据实列支。例如，《矿山安全法》第32条就规定，矿山企业必须从矿产品销售额中按照国家规定提取安全技术措施专项费用。安全技术措施专项费用必须全部用于改善矿山安全生产条件，不得挪作他用。

22. 与一般单位相比，生产经营单位需要具备哪些安全生产条件？

根据《安全生产法》第24、31、35、41、42、43、47条的规定，生产经营单位需要具备以下安全生产条件：(1) 矿山、金属冶炼、建筑施工、运输单位和危险物品的生产、经营、储存、装卸单位，应当设置安全生产管理机构或者配备专职安全生产管理人员。其他生产经营单位，从业人员超过100人的，应当设置安全生产管理机构或者配备专职安全生产管理人员；从业人员在100人以下的，应当配备专职或者兼职的安全生产管理人员。(2) 生产经营单位新建、改建、扩建工程项目的安全设施，必须与主体工程同时设计、同时施工、同时投入生产和使用。(3) 生产经营单位应当在有较大危险因素的生产经营场所和有关设施、设备上，设置明显的安全警示标志。(4) 生产经营单位应当建立安全风险分级管控制度，按照安全风险分级采取相应的管控措施，还应当建立健全并落实生产安全事故隐患排查治理制度，采取技术、管理措施，及时发现并消除事故隐患。(5) 生产经营单位进行爆破、吊装、动火、临时用电以及国务院应急管理部门会同国务院有关部门规定的其他危险作业，应当安排专门人员进行现场安全管理，确保操作规程的遵守和安全措施的落实。(6) 生产经营场所和员工宿舍应当设有符合紧急疏散要求、标志明显、保持畅通的出口、疏散通道。禁止占用、锁闭、封堵生产经营场所或者员工宿舍的出口、疏散通道。(7) 生产经营单位应当安排用于配备劳动防护用品、进行安全生产培训的经费。

23. 哪些企业需要取得安全生产许可证，才能从事生产活动?

《安全生产许可证条例》第2条规定，国家对矿山企业、建筑施工企业和危险化学品、烟花爆竹、民用爆炸物品生产企业实行安全生产许可制度。企业未取得安全生产许可证的，不得从事生产活动。

24. 生产经营单位应当如何排查安全事故隐患?

《安全生产法》第25条规定，生产经营单位的安全生产管理机构以及安全生产管理人员应当检查本单位的安全生产状况，及时排查生产安全事故隐患，提出改进安全生产管理的建议。第41条规定，生产经营单位应当建立健全并落实生产安全事故隐患排查治理制度，采取技术、管理措施，及时发现并消除事故隐患。事故隐患排查治理情况应当如实记录，并通过职工大会或者职工代表大会、信息公示栏等方式向从业人员通报。其中，重大事故隐患排查治理情况应当及时向负有安全生产监督管理职责的部门和职工大会或者职工代表大会报告。第46条规定，生产经营单位的安全生产管理人员在检查中发现重大事故隐患，依法向本单位有关负责人报告，有关负责人不及时处理的，安全生产管理人员可以向主管的负有安全生产监督管理职责的部门报告，接到报告的部门应当依法及时处理。

25. 安全生产管理人员会因依法履行职责而被降低工资待遇甚至解雇吗？

为防止安全生产管理人员因履行职责而遭到打击报复，《安全生产法》第 26 条禁止生产经营单位因安全生产管理人员依法履行职责而降低其工资、福利等待遇或者解除与其订立的劳动合同。安全生产管理人员享有的上述权利，是法律赋予的，生产经营单位应当保障安全生产管理人员行使，任何人不得侵犯安全生产管理人员依法享有的权利。

26. 生产经营单位的主要负责人和安全生产管理人员应具备何种知识和能力？

生产经营单位的主要负责人要组织、领导本单位的安全生产管理工作，这就要求其必须具备与本单位所从事的生产经营活动相应的安全生产知识，同时具有领导安全生产工作和处理生产安全事故的能力。是否具有“相应的安全生产知识和管理能力”，主要依据单位的生产经营范围、经营规模，以及单位的性质、危险程度等进行认定。此外，危险物品的生产、经营、储存、装卸单位以及矿山、金属冶炼、建筑施工、运输单位的主要负责人和安全生产管理人员，应当由主管的负有安全生产监督管理职责的部门对其安全生产知识和管理能力考核合格。

27. 未掌握安全操作技能的从业人员可以上岗作业吗?

《安全生产法》第28条规定，生产经营单位应当对从业人员进行安全生产教育和培训，保证从业人员具备必要的安全生产知识，熟悉有关的安全生产规章制度和安全操作规程，掌握本岗位的安全操作技能，了解事故应急处理措施，知悉自身在安全生产方面的权利和义务。未经安全生产教育和培训合格的从业人员，不得上岗作业。生产经营单位使用被派遣劳动者的，应当将被派遣劳动者纳入本单位从业人员统一管理，对被派遣劳动者进行岗位安全操作规程和安全操作技能的教育和培训。劳务派遣单位应当对被派遣劳动者进行必要的安全生产教育和培训。第30条规定，生产经营单位的特种作业人员必须按照国家有关规定经专门的安全作业培训，取得相应资格，方可上岗作业。

28. 安全生产教育和培训主要包括哪些方面?

安全生产教育和培训的内容，主要包括以下几个方面：(1) 安全生产的方针、政策、法律、法规以及安全生产规章制度的教育和培训；(2) 安全操作技能的教育和培训，我国目前一般实行入厂教育、车间教育和现场教育的三级教育和培训；(3) 安全技术知识教育和培训，包括一般性安全技术知识，如单位生产过程中不安全因素及规律、预防事故的基本知识、个人防护用品的佩戴使用、事故报告程序等，以及专业性的安全技术知识，如防火、防爆、防毒等知识；(4) 发生生产安全事故时的应急处理措施，以及相关的安全防护知识；（5）从业人员在生产过程中的相关权利和义务；（6）特殊作业岗位的安全生产知识和操作要求等。

29. 安全生产教育和培训档案应当包括哪些人员和内容？

生产经营单位应当建立安全生产教育和培训档案，如实记录安全生产教育和培训的时间、内容、参加人员以及考核结果等情况。档案的范围应当包括本单位的主要负责人、有关负责人、安全生产管理人员、特种作业人员、职能部门工作人员、班组长以及其他从业人员。档案的内容应当详细记录每位从业人员参加安全生产教育培训的时间、内容、考核结果以及复训情况等，包括按照规定参加政府组织的安全培训的主要负责人、安全生产管理人员和特种作业人员的情况。档案应当按照有关法律法规的要求进行保存，不得擅自修改、伪造。档案除以电子文档形式保存外，原则上还应当有纸质文件形式。

30. 生产经营单位采用新工艺、新技术、新材料或者使用新设备时，是否应当对从业人员进行相关培训？

新工艺、新技术、新材料的采用或者新设备的使用，对从业人员来说是一种陌生的东西，如果仍按照老知识、老方法来应付，就可能会出问题，引发生产安全事故。因此，《安全生产法》第 29 条规定，生产经营单位采用新工艺、新技术、新材料或者使用新设备，必须了解、掌握其安全技术特性，采取有效的安全防护措施，并对从业人员进行专门的安全生产教育和培训。通过培训可以使从业人员掌握相关的安全规章制度和安全操作规程，具备必要的安全生产知识和安全操作技能。这既是对从业人员知情权的保障，也是保障生产安全的一项重要措施。

31. 什么是特种作业?

特种作业，是指容易发生事故，对操作者本人、他人的安全健康及设备、设施的安全可能造成重大危害的作业。《特种作业人员安全技术培训考核管理规定》第3条规定，特种作业的范围由《特种作业目录》规定。根据现行《特种作业目录》，特种作业大致包括：(1) 电工作业。这是指对电气设备进行运行、维护、安装、检修、改造、施工、调试等作业（不含电力系统进网作业）。(2) 焊接与热切割作业。这是指运用焊接或者热切割方法对材料进行加工的作业（不含《特种设备安全监察条例》规定的有关作业）。(3) 高处作业。这是指专门或经常在坠落高度基准面2米及以上有可能坠落的高处进行的作业。(4) 制冷与空调作业。这是指对大中型制冷与空调设备运行操作、安装与修理的作业。(5) 煤矿安全作业。(6) 金属非金属矿山安全作业。(7) 石油天然气安全作业。(8) 冶金（有色）生产安全作业。(9) 危险化学品安全作业。这是指从事危险化工工艺过程操作及化工自动化控制仪表安装、维修、维护的作业。(10) 烟花爆竹安全作业。这是指从事烟花爆竹生产、储存中的药物混合、造粒、筛选、装药、筑药、压药、搬运等危险工序的作业。(11) 应急管理部认定的其他作业。

32. 特种作业人员必须取得相应资格方可上岗作业吗?

直接从事特种作业的从业人员，就是特种作业人员。特种作业人员所从事的工作，在安全程度上与单位内的其他工作有较大差别。他们在工作中接触的危险因素较多，危险性较大，很容易发生生产安全事故，而一旦发生事故，对作业人员本人，甚至对他人和周围设备、设施都会造成很大危害。对特种作业人员进行专门的培训教育，实行严格的管理，减少他们的失误，对防止和减少生产安全事故具有重要意义。因此，《安全生产法》第 30 条规定，生产经营单位的特种作业人员必须按照国家有关规定经专门的安全作业培训，取得相应资格，方可上岗作业。特种作业人员的范围由国务院应急管理部门会同国务院有关部门确定。

33. 建设项目安全设施的设计人、设计单位要对安全设施负责吗?

根据《安全生产法》第 33 条的规定，建设项目安全设施的设计人、设计单位应当对安全设施设计负责。矿山、金属冶炼建设项目和用于生产、储存、装卸危险物品的建设项目的安全设施设计应当按照国家有关规定报经有关部门审查，审查部门及其负责审查的人员对审查结果负责。可见，设计人、设计单位应对因安全设施问题造成的后果负责。对于因安全设施设计给生产经营单位造成损失的，应当承担赔偿责任；造成生产安全事故的，还应承担相应的行政责任；造成严重后果，构成犯罪的，依法承担刑事责任。

34. 施工单位应当如何进行施工管理?

建设项目在施工过程中，施工单位应当严把施工质量关，做好施工的各项质量控制与管理工作，严格按照批准的设计文件和技术标准进行施工。一般来讲，施工单位应当围绕以下主要方面进行施工管理：(1) 安全设施的施工必须按照设计编制施工组织设计或方案，否则不准开工；(2) 开工前必须编制分工计划，逐级向下进行施工组织设计交底，同时进行对有关部门和专业人员的横向交底，并有相应的交底记录；(3) 加强施工全过程控制，分别对基础施工、结构施工和装修三个阶段，进行施工组织设计实施情况的中间检查；(4) 工程完成时，必须及时按原安全设施设计作出技术总结，并上报原审批单位。

35. 施工单位对于因施工原因造成的质量问题应承担什么责任?

对于因施工原因造成的质量问题，施工单位承担全部责任，包括：(1) 由施工单位对项目存在的质量问题给予修复和赔偿所造成损失的民事责任；(2) 由有关主管部门对违法施工的单位给予行政处罚的行政责任；(3) 造成重大质量事故、构成犯罪的，由司法机关依照《刑法》的有关规定追究的刑事责任。实行总承包的工程，总承包单位对安全设施工程质量负责。实行分包的工程，分包单位要对其分包的工程质量负责。总承包单位应当与分包单位就分包工程的质量承担连带责任。

36. 哪些项目竣工投入生产或者使用前应当验收？如何进行验收？

《安全生产法》第34条规定，矿山、金属冶炼建设项目和用于生产、储存、装卸危险物品的建设项目竣工投入生产或者使用前，应当由建设单位负责组织对安全设施进行验收；验收合格后，方可投入生产和使用。验收的内容主要包括安全设施是否与主体工程同时建成，是否严格按照批准的设施进行施工，工程质量是否符合法律、法规、安全规程和技术标准的要求等。建设单位必须认真负责，严格按照有关规定对其安全设施进行验收。对于未经验收或者经验收但不合格的安全设施，建设单位不得将其投入生产和使用。否则，建设单位将依法承担相应的法律责任。同时，为了促使建设单位按标准认真做好验收工作，负有安全生产监督管理职责的部门应当加强对建设单位验收活动和验收结果的监督核查，包括可以对有关重要项目或重要部位进行现场检查，或者对验收结果进行核实。

37. 安全设备的管理有哪些要求？

《安全生产法》第36条规定，安全设备的设计、制造、安装、使用、检测、维修、改造和报废，应当符合国家标准或者行业标准。生产经营单位必须对安全设备进行经常性维护、保养，并定期检测，保证正常运转。维护、保养、检测应当作好记录，并由有关人员签字。尤其需要注意的是，生产经营单位不得关闭、破坏直接关系生产安全的监控、报警、防护、救生设备、设施，或者篡改、隐瞒、销毁其相关数据、信息。餐饮等行业的生产经营单位使用燃气的，应当安装可燃气体报警装置，并保障其正常使用。

38. 生产经营单位使用的危险物品的容器、运输工具以及特种设备投入使用需要具备哪些条件？

危险物品的容器、运输工具和涉及人身安全、危险性较大的海洋石油开采特种设备和矿山井下特种设备危险性较大，在实际中与其他生产经营所使用的工具有较大的区别，一般实行特殊管理，在生产、检测、检验方面都有更为严格的要求，需要由专业的生产单位进行生产，并且在投入使用前，必须经专业资质的机构检测、检验合格。目前，从事危险物品的容器、运输工具检测、检验的机构，由国务院质量监督检验检疫部门认定。检测、检验机构，按照规定的技术标准和要求进行检测、检验，提出科学、客观的结论，并且应当出具专业检测、检验证明或报告。检测、检验合格的，发给安全使用证或者安全标志；不合格的，不得发给安全使用证或者安全标志。因检测、检验机构的原因，致使不合格的特种设备和危险物品的容器、运输工具投入使用，并造成后果的，检测、检验机构及其有关人员应当承担相应的法律责任。

39. 特种设备生产单位应具备哪些条件方可从事生产活动？

根据《特种设备安全法》第18条的规定，国家按照分类监督管理的原则对特种设备生产实行许可制度，特种设备生产单位应当具备下列条件，并经负责特种设备安全监督管理的部门许可，方可从事生产活动：（1）有与生产相适应的专业技术人员；（2）有与生产相适应的设备、设施和工作场所；（3）有健全的质量保证、安全管理和岗位责任等制度。对于生产单位的专业性要求，能有效保证产品的安全使用效能。

40. 生产经营单位生产、经营、运输、储存、使用危险物品或者处置废弃危险物品，应当履行哪些义务？

生产经营单位生产、经营、运输、储存、使用危险物品或者处置废弃危险物品，应当履行以下义务：（1）执行有关法律、法规和国家标准或者行业标准。（2）建立专门的安全管理制度，比如，按照有关行政法规的规定，民用爆炸物品从业单位（包括生产、销售、爆破等企业）应当建立安全管理制度、岗位安全责任制度，制订安全防范措施和事故应急预案，设置安全管理机构或者配备专职安全管理人员。（3）采取可靠的安全措施，比如，生产、储存危险化学品的单位，应当根据其生产、储存的危险化学品的种类和危险特性，在作业场所设置相应的监测、监控、通风、防晒、调温、防火、灭火、防爆、泄压、防毒、中和、防潮、防雷、防静电、防腐、防泄漏以及防护围堤或者隔离操作等安全设施、设备，并在其作业场所和安全设施、设备上设置明显的安全警示标志。（4）接受有关主管部门依法实施的监督管理。

41. 什么是危险物品？

《安全生产法》第 117 条规定，危险物品，是指易燃易爆物品、危险化学品、放射性物品等能够危及人身安全和财产安全的物品。

42. 什么是重大危险源?

《安全生产法》第117条规定，重大危险源，是指长期地或者临时地生产、搬运、使用或者储存危险物品，且危险物品的数量等于或者超过临界量的单元（包括场所和设施）。

43. 生产经营单位应如何管理重大危险源?

根据《安全生产法》第40条的规定，生产经营单位对重大危险源应当严格管理，采取有效的防护措施，定期检查，防止生产安全事故的发生，具体措施包括以下几个方面：

（1）登记建档。重大危险源档案应当包括的文件、资料有：辨识、分级记录；重大危险源基本特征表；涉及的所有化学品安全技术说明书；区域位置图、平面布置图、工艺流程图和主要设备一览表；重大危险源安全管理规章制度及安全操作规程；安全监测监控系统、措施说明、检测、检验结果；重大危险源事故应急预案、评审意见、演练计划和评估报告；安全评估报告或者安全评价报告；重大危险源关键装置、重点部位的责任人、责任机构名称；重大危险源场所安全警示标志的设置情况；其他文件、资料。登记建档应当注意保证档案的完整性、连贯性。

（2）定期检测、评估、监控。检测，是指通过一定的技术手段，利用仪器工具对重大危险源的一些具体指标、参数进行测量。评估，是指对重大危险源的各种情况进行综合的分析、判断，掌握其危险程度。监控，是指通过监控系统等装置、设备对重大危险源进行观察、监测、控制，防止其引发危险。

（3）制定应急预案。应急预案是关于发生紧急情况或者生产安全事故时的应对措施、处理办法、程序等的事先安排和计划。生产经营单位应当根据本单位重大危险源的实际情况，依法制定重大危险源事故应急预案，建立应急救援组织或者配备应急救援人员，配备必要的防护装备及应急救援器材、设备、物资，并保障其完好和方便使用。

（4）告知应急措施。生产经营单位应当告知从业人员和相关人员在紧急情况下应当采取的应急措施。这里的“相关人员”，主要是指重大危险源发生事故时可能受到损害的生产经营单位以外的人员，如工厂周围的居民等。

（5）依法报有关部门备案。生产经营单位应当按照国家有关规定将本单位重大危险源及有关安全措施、应急措施报有关地方人民政府应急管理部门和有关部门备案。

44. 生产经营单位需要建立安全风险分级管控制度事故隐患排查治理制度吗？

《安全生产法》第41条明确规定，生产经营单位应当建立安全风险分级管控制度，按照安全风险分级采取相应的管控措施。生产经营单位应当建立健全并落实生产安全事故隐患排查治理制度，采取技术、管理措施，及时发现并消除事故隐患。事故隐患排查治理情况应当如实记录，并通过职工大会或者职工代表大会、信息公示栏等方式向从业人员通报。其中，重大事故隐患排查治理情况应当及时向负有安全生产监督管理职责的部门和职工大会或者职工代表大会报告。县级以上地方各级人民政府负有安全生产监督管理职责的部门应当将重大事故隐患纳入相关信息系统，建立健全重大事故隐患治理督办制度，督促生产经营单位消除重大事故隐患。

45. 生产经营单位的员工宿舍应注意哪些安全管理事项?

《安全生产法》第42条规定，生产、经营、储存、使用危险物品的车间、商店、仓库不得与员工宿舍在同一座建筑物内，并应当与员工宿舍保持安全距离。所谓安全距离，是指达到这个距离的要求，即使发生事故，也不致损害宿舍内员工的人身安全。生产经营单位不得以任何理由违反上述规定，员工也应当提高自我保护意识，拒绝使用生产经营单位提供的违反安全要求的宿舍，并有权向有关部门检举和控告。

此外，生产经营场所和员工宿舍应当设有符合紧急疏散要求、标志明显、保持畅通的出口、疏散通道。禁止占用、锁闭、封堵生产经营场所或者员工宿舍的出口、疏散通道。

46. 申请从事爆破作业的单位，应当具备什么条件?

根据《民用爆炸物品安全管理条例》第31条，申请从事爆破作业的单位，应当具备下列条件：（1）爆破作业属于合法的生产活动；（2）有符合国家有关标准和规范的民用爆炸物品专用仓库；（3）有具备相应资格的安全管理人员、仓库管理人员和具备国家规定执业资格的爆破作业人员；(4) 有健全的安全管理制度、岗位安全责任制度；(5) 有符合国家标准、行业标准的爆破作业专用设备；(6) 法律、行政法规规定的其他条件。

爆破作业人员应当经设区的市级人民政府公安机关考核合格，取得《爆破作业人员许可证》后，方可从事爆破作业。爆破作业单位应当按照其资质等级承接爆破作业项目，爆破作业人员应当按照其资格等级从事爆破作业。

47. 生产经营单位如何对从业人员的安全进行管理?

生产经营单位应当教育和督促从业人员严格执行本单位的安全生产规章制度和安全操作规程；并向从业人员如实告知作业场所和工作岗位存在的危险因素、防范措施以及事故应急措施。生产经营单位的安全生产规章制度主要包括两个方面的内容，一是安全生产管理方面的规章制度；二是安全技术方面的规章制度。规程是对工艺、操作、安装、检定、安全、管理等具体技术要求和实施程序所作的统一规定，安全操作规程是指在生产活动中，为消除导致人身伤亡或者造成设备、财产破坏以及危害环境的因素而制定的具体技术要求和实施程序的统一规定。安全生产规章制度和安全操作规程，是保证生产经营活动安全进行的重要制度保障，从业人员在进行作业时必须严格执行。此外，生产经营单位应当关注从业人员的身体、心理状况和行为习惯，加强对从业人员的心理疏导、精神慰藉，严格落实岗位安全生产责任，防范从业人员行为异常导致事故发生。

48. 生产经营单位为什么必须为从业人员提供劳动防护用品？

《安全生产法》第45条规定，生产经营单位必须为从业人员提供符合国家标准或者行业标准的劳动防护用品，并监督、教育从业人员按照使用规则佩戴、使用。劳动防护用品主要是指劳动者在生产过程中为免遭或者减轻事故伤害和职业危害所配备的防护装备。国家对劳动防护用品的产品质量指标和技术条件，制定了一系列技术标准。如对安全帽、自吸过滤式防尘口罩、防冲击眼护具、阻燃防护服等防护用品，均制定了国家标准，并根据情况变化，适时修订。生产经营单位为劳动者提供的劳动防护用品，应该是符合国家标准或者行业标准的、合格的劳动防护用品，只有这样，才能真正起到保障劳动者劳动安全的作用。

49. 生产经营单位的安全管理人员如何对本单位的安全生产状况进行检查？

《安全生产法》第46条规定，生产经营单位的安全生产管理人员应当根据本单位的生产经营特点，对本单位的安全生产状况进行经常性检查。一般来说，安全检查主要涉及安全生产规章制度是否健全、完善，安全设备、设施是否处于正常的运行状态，从业人员是否具备应有的安全知识和操作技能，从业人员在工作中是否严格遵守安全生产规章制度和操作规程，从业人员的劳动防护用品是否符合标准以及是否有其他事故隐患等。

50. 生产经营单位的安全管理人员在检查中发现安全问题的，应当如何处理？

根据《安全生产法》第46条的规定，生产经营单位的安全生产管理人员在对本单位的安全生产状况进行检查的过程中，发现存在的安全问题，可以处理的，应当立即采取措施进行处理，如发现劳动者没有穿戴安全防护措施，应当立即要求其改正。对于不能当场处理的安全问题，如安全设施不合格，需要改建等，应该及时将这一情况报告本单位的主要负责人或者是主管安全生产工作的其他负责人，报告应当包括安全问题发现的时间、具体情况以及如何解决等内容。有关负责人在接到报告后，应当及时处理。

生产经营单位的安全生产管理人员还应当将安全检查的情况，包括检查的时间、范围、内容，发现的问题及其处理情况等都详细地记录在案，记入本单位的安全生产档案，作为日后完善相关制度的参考或者在发生事故时作为调查事故原因的依据等。

51. 对发生生产安全事故时擅离职守的单位主要负责人，应给予什么处罚？

《安全生产法》第50条规定，生产经营单位发生生产安全事故时，单位的主要负责人应当立即组织抢救，并不得在事故调查处理期间擅离职守。《生产安全事故报告和调查处理条例》第35条规定，事故发生单位主要负责人有下列行为之一的，处上一年年收入40%至80%的罚款；属于国家工作人员的，并依法给予处分；构成犯罪的，依法追究刑事责任：（1）不立即组织事故抢救的；（2）迟报或者漏报事故的；（3）在事故调查处理期间擅离职守的。

52. 生产经营单位可否以货币或其他物品代替劳动防护用品的发放？

《安全生产法》第47条规定，生产经营单位应当安排用于配备劳动防护用品、进行安全生产培训的经费。生产经营单位必须把劳动防护用品发放到从业人员手中，不得以货币或其他物品替代应当配备的劳动防护用品。生产经营单位还应当建立健全劳动防护用品的购买、验收、保管、发放、使用、更换、报废等管理制度，并应按照劳动防护用品的使用要求，在使用前对其防护功能进行必要的检查。

53. 两个以上生产经营单位在同一作业区域内进行生产经营活动的，应该如何进行安全生产方面的协作？

根据《安全生产法》第48条的规定，两个以上生产经营单位在同一作业区域内进行生产经营活动，可能危及对方生产安全的，应当进行安全生产方面的协作。协作的主要形式是签订并执行安全生产管理协议。各单位应当通过安全生产管理协议互相告知本单位生产的特点、作业场所存在的危险因素、防范措施以及事故应急措施，以使各个单位对该作业区域的安全生产状况有一个整体上的把握。同时，各单位还应当在安全生产管理协议中明确各自的安全生产管理职责和应当采取的安全措施，做到职责清楚，分工明确。为了使安全生产管理协议真正得到贯彻，保证作业区域内的生产安全，各生产经营单位还应当指定专职的安全生产管理人员对作业区域内的安全生产状况进行检查，对检查中发现的安全生产问题及时进行协调、解决。

54. 生产经营单位将项目、场所、设备发包或出租时，承包人或承租人需要满足一定条件吗?

生产经营单位将生产经营项目、场所、设备进行发包或者出租，本质上是一种民事行为，可以自主决定，但是也必须符合法律有关强制性规定。《安全生产法》第 49 条规定，生产经营单位不得将生产经营项目、场所、设备发包或者出租给不具备安全生产条件或者相应资质的单位或者个人。

在生产经营单位将生产经营项目、场所、设备发包或者出租的情形下，生产经营活动实际上是由承包人或者承租人来进行的。因此，承包人或者承租人如果不具备安全生产条件或者不具备相应的资质，安全生产同样不能得到保障。因此，生产经营单位在选择承包或者租赁对象时，不能只为了经济利益，对其安全生产条件和资质不闻不问，而必须考察其是否具备安全生产条件或者相应资质。将生产经营项目、场所、设备发包、出租给不具备安全生产条件或者相应资质的单位或者个人的，应当依法承担法律责任，由此导致生产安全事故，给他人造成损害的，还应当与承包方、承租方承担连带赔偿责任。

该条规定中要求的“具备安全生产条件”，是指承包人、承租人必须具备有关安全生产的法律、法规和国家标准或者行业标准规定的安全生产条件；“资质条件”是指根据法律、法规、规章规定，从事特定行业或项目的生产经营活动所应当具备的资格。例如，建筑工程的发包、承包方必须具备与该工程相适应的资质等级。生产经营单位只能向具备这些安全生产条件或者相应资质的单位和个人发包或者出租其生产经营项目、场所、设备。

55. 生产经营单位将项目、场所、设备发包或出租的，如何履行管理职责？如何承担责任？

《安全生产法》第49条规定，生产经营项目、场所发包或者出租给其他单位的，生产经营单位应当与承包单位、承租单位签订专门的安全生产管理协议，或者在承包合同、租赁合同中约定各自的安全生产管理职责；生产经营单位对承包单位、承租单位的安全生产工作统一协调、管理，定期进行安全检查，发现安全问题的，应当及时督促整改。

可见，生产经营单位应当与承包单位、承租单位就安全生产管理进行约定。这种约定，可以通过双方之间签订安全生产管理协议的形式，也可以采取在承包合同、租赁合同中约定各自的安全生产管理职责的形式。这种专门协议或者专项条款，对于明确生产经营单位、承包单位、承租单位各自的安全生产管理职责，促使其加强安全生产管理，具有重要意义。同时，也是发生安全生产事故后，判断各方责任大小的一个重要依据。无论安全生产管理职责如何划分，生产经营单位对承包单位、承租单位的安全生产工作统一协调、管理，定期进行安全检查，发现安全问题的，应当及时督促整改。生产经营单位不得依据安全生产管理协议或者承包合同、租赁合同的有关规定，免除或者转嫁生产经营单位承担的法定义务。如果在协议中有免除或者转嫁生产经营单位的安全生产统一协调、管理义务的条款，应当认定有关条款无效。

此外，生产经营项目、场所有多个承包单位、承租单位的，生产经营单位应当与承包单位、承租单位对安全生产管理方面的问题作出约定，就各自在安全生产管理中的权利、义务以及事故发生时的责任承担等问题进行协商确定。约定的方式主要有两种：（1）签订专门的安全生产管理协议；（2）不签订专门的协议，而是在承包合同、承租合同中对各自的安全生产管理职责进行约定。

生产经营单位与承包单位、承租单位在安全生产管理方面的决定，只对约定双方有约束力，不具有对外效力。也就是说，生产经营单位不能因为有了约定而减轻自己在安全生产方面的责任，生产经营单位应对该项目、场所的安全生产全面负责。生产经营单位对承包单位、承租单位的安全生产工作统一协调、管理，还要定期进行安全检查，发现安全问题的，应当及时督促整改。如果该生产经营项目、场所有违反法律、行政法规关于安全生产的管理规定的行为，应由生产经营单位承担相应的责任；如果发生了生产安全事故，生产经营单位应承担相应的责任。生产经营单位在承担了相应的责任后，可以根据安全生产管理协议的约定，追究承包单位、承租单位的责任。

56. 矿山、金属冶炼建设项目和用于生产、储存、装卸危险物品的建设项目的施工单位可以转让施工资质或者转包、分包吗?

2021 年修正的《安全生产法》第 49 条新增规定矿山、金属冶炼等行业的施工项目不得非法转让施工资质，不得转包或违法分包：矿山、金属冶炼建设项目和用于生产、储存、装卸危险物品的建设项目的施工单位应当加强对施工项目的安全管理，不得倒卖、出租、出借、挂靠或者以其他形式非法转让施工资质，不得将其承包的全部建设工程转包给第三人或者将其承包的全部建设工程支解以后以分包的名义分别转包给第三人，不得将工程分包给不具备相应资质条件的单位。

57. 生产经营单位必须参加工伤保险吗?

工伤保险，是指职工在劳动过程中发生生产安全事故以及职业病，暂时或者永久地丧失劳动能力时，在医疗和生活上获得物质帮助的一种社会保险制度。《安全生产法》第 51 条规定，生产经营单位必须依法参加工伤保险，为从业人员缴纳保险费。第 52 条规定，生产经营单位与从业人员订立的劳动合同，应当载明依法为从业人员办理工伤保险的事项。《工伤保险条例》第 2 条规定，中华人民共和国境内的企业、事业单位、社会团体、民办非企业单位、基金会、律师事务所、会计师事务所等组织和有雇工的个体工商户应当依照该条例规定参加工伤保险，为本单位全部职工或者雇工缴纳工伤保险费。中华人民共和国境内的企业、事业单位、社会团体、民办非企业单位、基金会、律师事务所、会计师事务所等组织的职工和个体工商户的雇工，均有依照本条例的规定享受工伤保险待遇的权利。因此，生产经营单位必须参加工伤保险。

58. 哪些生产经营单位在参加工伤保险后，还应当投保安全生产责任保险？

安全生产责任保险，是指以生产经营过程中因发生意外事故，造成人身伤亡或财产损失，依法应由生产经营单位承担的经济赔偿责任为保险标的，保险公司按相关保险条款的约定对保险人以外的第三者进行赔偿的责任保险。《安全生产法》第 51 条规定，国家鼓励生产经营单位投保安全生产责任保险；属于国家规定的高危行业、领域的生产经营单位，应当投保安全生产责任保险。具体范围和实施办法由国务院应急管理部门会同国务院财政部门、国务院保险监督管理机构和相关行业主管部门制定。由此可见，对于一般行业的安全生产，安全生产责任保险是非强制性商业保险；而对于高危行业、领域，安全生产责任保险是强制性商业保险。

59. 安全生产责任保险相较于工伤保险有什么特点？

安全生产责任保险与工伤保险最本质的区别体现在责任范围方面，其与工伤保险的区别主要有以下五点：(1) 只承担死亡与伤残的费用，而不承担住院医疗费用；(2) 安全生产责任保险承担企业造成的第三者伤亡的赔付，这是其相较于工伤保险的最大优势；(3) 承保的是因企业业主未能尽其法定义务，因过失或疏忽而产生的经济赔偿责任，即责任事故，对其他非因生产安全事故等导致的不属于保险责任范围内的损失和费用不负责赔偿；（4）承保企业应付索赔人的诉讼费用以及经保险公司书面同意负责的诉讼费用及其他费用；（5）赔偿金直接一次性交给企业（最终落实到职工身上）。

可以看出，安全生产责任保险对企业造成的第三者伤亡的赔付，是其相较于工伤保险的最大优势。此外，安全生产责任保险承保的是因企业业主未能尽其法定义务，因过失或疏忽而产生的经济赔偿责任，即责任事故。例如，相当一部分企业，职工构成形式多样，有正式职工，也有临时工、季节工、退休返聘等人员，企业可能只为正式员工投保工伤保险，而没有为临时工、退休返聘等人员投保工伤保险。对于其在工伤事故中产生的医疗费用、护理费、误工费、死亡/伤残赔偿金、丧葬费、供养亲属抚恤金等项目均需用人单位承担，在这种情况下，用人单位非常有必要考虑投保安全生产责任保险。可以说，安全生产责任保险是工伤保险重要而有益的补充。

第三章　从业人员的安全生产权利义务

60. 生产经营单位与从业人员订立的劳动合同应该载明哪些事项？

根据《劳动法》第16条、第19条的规定，劳动合同是劳动者与用人单位确立劳动关系，明确双方权利和义务的协议。在此协议中必须具备以下条款：（1）劳动合同期限；（2）工作内容；（3）劳动保护和劳动条件；（4）劳动报酬；（5）劳动纪律；（6）劳动合同终止的条件；（7）违反劳动合同的责任。

根据《劳动合同法》第8条的规定，用人单位招用劳动者时，应当如实告知劳动者工作内容、工作条件、工作地点、职业危害、安全生产状况等情况；建立劳动关系，应当订立书面劳动合同。劳动合同应当具备劳动保护、劳动条件和职业危害防护、社会保险等条款。

此外，《安全生产法》第52条规定，生产经营单位与从业人员订立的劳动合同，应当载明有关保障从业人员劳动安全、防止职业危害的事项，以及依法为从业人员办理工伤保险的事项。生产经营单位不得以任何形式与从业人员订立协议，免除或者减轻其对从业人员因生产安全事故伤亡依法应承担的责任。

61. 生产经营单位的从业人员享有哪些安全生产方面的权利？

“生产经营单位的从业人员”，是指该单位从事生产经营活动各项工作的所有人员，包括管理人员、技术人员和各岗位的工人，也包括生产经营单位临时聘用的人员和被派遣劳动者。

根据《安全生产法》第28、45、53—56条的规定，生产经营单位的从业人员享有的安全生产保障权利主要包括：（1）知情权，即有权了解作业场所和工作岗位存在的危险因素、防范措施及事故应急措施。（2）获得安全生产教育和技能培训的权利。（3）获得符合国家标准或行业标准的劳动防护用品的权利。（4）建议、批评、检举、控告权。从业人员有权对本单位安全生产管理工作存在的问题提出建议、批评、检举、控告，生产经营单位不得因此作出对从业人员不利的处分。（5）拒绝权。对管理者作出的可能危及安全的违章指挥、强令冒险作业，有权拒绝执行，并不得因此受到对自己不利的处分。（6）采取紧急避险措施的权利。从业人员发现直接危及人身安全的紧急情况时，有权停止作业或者在采取紧急措施后撤离作业场所，并不得因此受到对自己不利的处分。（7）在发生生产安全事故后，有获得及时抢救和医疗救治并依法获得赔偿的权利等。

62. 如何理解从业人员在安全生产方面的批评、检举和控告权？

批评权，是指从业人员对本单位安全生产工作中存在的问题提出批评的权利。法律规定这一权利，有利于从业人员对生产经营单位进行群众监督，促使生产经营单位不断改进本单位的安全生产工作。

检举、控告权，是指从业人员对本单位及有关人员违反安全生产法律、法规的行为，有权向主管部门和司法机关进行检举和控告的权利。检举可以署名，也可以不署名；可以用书面形式，也可以用口头形式。法律规定从业人员的检举权、控告权，有利于及时对违法行为作出处理，保障生产安全，防止生产安全事故。但是，从业人员在行使这一权利时，应注意检举和控告的情况必须真实，实事求是，不能道听途说，更不能凭空捏造。

63. 对于用人单位的违章指挥、强令冒险作业，劳动者有权拒绝吗？

《安全生产法》第 54 条第 2 款明确规定，生产经营单位不得因从业人员拒绝违章指挥、强令冒险作业而降低其工资、福利等待遇或者解除与其订立的劳动合同。根据《劳动合同法》第 32 条、第 38 条的规定，劳动者拒绝用人单位管理人员违章指挥、强令冒险作业的，不视为违反劳动合同，如果违章指挥、强令作业危及劳动者人身安全，劳动者可以立即解除劳动合同，无需事先告知用人单位。同时，《劳动合同法》第 88 条规定，用人单位有违章指挥或者强令冒险作业危及劳动者人身安全的行为的，依法给予行政处罚；构成犯罪的，依法追究刑事责任；给劳动者造成损害的，应当承担赔偿责任。

64. 从业人员行使紧急撤离权需要征得有关负责人员的同意吗？

行使紧急撤离权的选择权在从业人员，不要求从业人员应当在采取可能的应急措施后或者在征得有关负责人员同意后撤离作业场所。当然，在条件允许的情况下，从业人员可以事先报告或者采取可能的应急措施后再撤离作业场所。同时，实践中要加强对从业人员紧急撤离权的宣传，以最大限度减少生产安全事故中的人员伤亡。

65. 因用人单位以外的第三人侵权造成劳动者人身损害构成工伤的，劳动者在获得工伤保险赔偿后，是否仍有权向第三人请求人身侵权赔偿？

因用人单位以外的第三人侵权造成劳动者人身损害，构成工伤的，该劳动者既是工伤事故中的受伤职工，又是侵权行为的受害人，有权同时获得工伤保险赔偿和人身侵权赔偿；用人单位和侵权人均应当依法承担各自所负的赔偿责任，即使该劳动者已从其中一方先行获得赔偿，亦不能免除或者减轻另一方的赔偿责任。

66. 生产经营单位的从业人员应当履行哪些安全生产方面的义务？

根据《安全生产法》第 57—59 条的规定，从业人员在享有获得安全生产保障权利的同时，也负有以自己的行为保证安全生产的义务，主要包括：(1) 在作业过程中严格落实岗位安全责任，遵守本单位的安全生产规章制度和操作规程，服从管理，正确佩戴和使用劳动防护用品。(2) 接受安全生产教育和培训，掌握本职工作所需要的安全生产知识，提高安全生产技能，增强事故预防和应急处理能力。(3) 发现事故隐患或者其他不安全因素，应当立即向现场安全生产管理人员或者本单位负责人报告。

67. 对于被派遣劳动者，用工单位应当履行哪些义务？

《劳动合同法》第62条规定，对于被派遣劳动者用工单位应当履行下列义务：（1）执行国家劳动标准，提供相应的劳动条件和劳动保护；（2）告知被派遣劳动者的工作要求和劳动报酬；（3）支付加班费、绩效奖金，提供与工作岗位相关的福利待遇；（4）对在岗被派遣劳动者进行工作岗位所必需的培训；（5）连续用工的，实行正常的工资调整机制。用工单位不得将被派遣劳动者再派遣到其他用人单位。有关法规也对被派遣劳动者的使用作出明确规定。如《国务院办公厅关于进一步加强煤矿安全生产工作的意见》规定，要规范煤矿劳动用工管理。在一定区域内，加强煤矿企业招工信息服务，统一组织报名和资格审查、统一考核、统一签订劳动合同和办理用工备案、统一参加社会保险、统一依法使用劳务派遣用工，并加强监管。

68. 就安全生产而言，被派遣劳动者享有哪些权利，应承担哪些义务？

《安全生产法》第61条规定，生产经营单位使用被派遣劳动者的，被派遣劳动者享有本法规定的从业人员的权利，并应当履行本法规定的从业人员的义务。

69. 什么是安全培训？

根据《安全生产培训管理办法》第3条的规定，安全培训是指以提高安全监管监察人员、生产经营单位从业人员和从事安全生产工作的相关人员的安全素质为目的的教育培训活动。应当进行安全培训的人员主要有以下三类：(1）安全监管监察人员，即县级以上各级人民政府应急管理部门、各级煤矿安全监察机构从事安全监管监察、行政执法的安全生产监管人员和煤矿安全监察人员；(2）生产经营单位从业人员，即生产经营单位主要负责人、安全生产管理人员、特种作业人员及其他从业人员；(3）从事安全生产工作的相关人员，即从事安全教育培训工作的教师、危险化学品登记机构的登记人员和承担安全评价、咨询、检测、检验的人员及注册安全工程师、安全生产应急救援人员等。

70. 安全培训由谁组织开展?

根据《安全生产培训管理办法》第8条的规定，根据安全培训对象的不同，组织开展培训的主题也有所不同：(1）国家应急管理部门负责省级以上应急管理部门的安全生产监管人员、各级煤矿安全监察机构的煤矿安全监察人员的培训工作。(2）省级应急管理部门负责市级、县级应急管理部门的安全生产监管人员的培训工作。(3）生产经营单位的从业人员的安全培训，由生产经营单位负责。(4）危险化学品登记机构的登记人员和承担安全评价、咨询、检测、检验的人员及注册安全工程师、安全生产应急救援人员的安全培训，按照有关法律、法规、规章的规定进行。

71. 安全教育和培训的内容和形式主要有哪些?

安全教育和培训的基本内容包括安全意识、安全知识和安全技能教育三方面。开展安全教育培训的形式多种多样，如组织专门的安全教育培训班；班前班后交代安全注意事项，讲评安全生产情况；施工和检修前进行安全措施交底；各级负责人和安全员在作业现场工作时进行安全宣传教育、督促安全法规和制度的贯彻执行；组织安全技术知识讲座、竞赛；召开事故分析会、现场会，分析造成事故原因、责任、教训，制定事故防范措施；组织安全技术交流、安全生产展览，张贴宣传画、标语，设置警示标志，以及利用广播、电影、电视、录像等方式进行安全教育；通过由安全技术部门召开的安全例会、专题会、表彰会、座谈会或者采用安全信息、简报、通报等形式，总结、评比安全生产工作，达到安全教育的目的。从业人员要积极参加生产经营单位组织的各种形式的安全教育和培训。

72. 生产经营单位应当如何建立安全培训管理制度？

根据《安全生产培训管理办法》第10条的规定，生产经营单位应当建立安全培训管理制度，保障从业人员安全培训所需经费，对从业人员进行与其所从事岗位相应的安全教育培训；从业人员调整工作岗位或者采用新工艺、新技术、新设备、新材料的，应当对其进行专门的安全教育和培训。未经安全教育和培训合格的从业人员，不得上岗作业。从业人员安全培训的时间、内容、参加人员以及考核结果等情况，生产经营单位应当如实记录并建档备查。

73. 被派遣劳动者、实习生有权利和义务接受安全教育和培训吗？

对于被派遣劳动者、实习生，生产经营单位也应当开展相应的安全教育和培训。根据《安全生产培训管理办法》第10条的规定，生产经营单位使用被派遣劳动者的，应当将被派遣劳动者纳入本单位从业人员统一管理，对被派遣劳动者进行岗位安全操作规程和安全操作技能的教育和培训。劳务派遣单位应当对被派遣劳动者进行必要的安全生产教育和培训。生产经营单位接收中等职业学校、高等学校学生实习的，应当对实习学生进行相应的安全生产教育和培训，提供必要的劳动防护用品。学校应当协助生产经营单位对实习学生进行安全生产教育和培训。

第四章　安全生产的监督管理

74. 什么是安全生产监督？

根据《安全生产法》第62、71、72、74、75、77条的规定，安全生产监督主要包括以下7个方面内容：

（1）县级以上地方人民政府的监督。县级以上地方各级人民政府应当根据本行政区域内的安全生产状况，组织有关部门按照职责分工，对本行政区域内容易发生重大生产安全事故的生产经营单位进行严格检查。

（2）应急管理部门的监督。应急管理部门应当按照分类分级监督管理的要求，制定安全生产年度监督检查计划，并按照年度监督检查计划进行监督检查，发现事故隐患，应当及时处理。

（3）监察机关的监督。监察机关依照监察法的规定，对负有安全生产监督管理职责的部门及其工作人员履行安全生产监督管理职责实施监察。

（4）社会中介机构的监督。承担安全评价、认证、检测、检验职责的机构应当具备国家规定的资质条件，并对其作出的安全评价、认证、检测、检验结果的合法性、真实性负责。

（5）社会公众的监督。任何单位或者个人对事故隐患或者安全生产违法行为，均有权向负有安全生产监督管理职责的部门报告或者举报。

（6）基层群众性自治组织的监督。居民委员会、村民委员会发现其所在区域内的生产经营单位存在事故隐患或者安全生产违法行为时，应当向当地人民政府或者有关部门报告。

（7）新闻媒体的监督。新闻、出版、广播、电影、电视等单位有进行安全生产公益宣传教育的义务，有对违反安全生产法律、法规的行为进行舆论监督的权利。

75. 县级以上地方各级人民政府应当如何组织有关部门开展安全生产监督检查？

县级以上地方各级人民政府在安全生产监督管理方面应当按照下列要求组织有关部门开展安全生产监督检查：

（1）全面了解掌握本行政区域安全生产状况。县级以上地方各级人民政府应当根据本行政区域生产经营活动的特点、分布区域、人员结构等情况，分析可能发生生产安全事故的途径、危害程度以及影响范围。

（2）按照各有关部门的职责分工组织安全检查。《安全生产法》第10条对应急管理部门和其他有关部门的安全生产监督管理职责作出了明确规定，县级以上地方各级人民政府应当根据有关部门的职责分工，组织相应行业、领域的安全检查，有关部门应当根据政府的组织安排，依照法律、法规的规定进行安全检查。

（3）确定安全检查重点。县级以上地方人民政府应当在调查研究的基础上，确定本行政区域内容易发生重大生产安全事故的生产经营单位。

（4）检查必须严格，禁止搞形式，走过场。应当严格按照有关法律、法规、规章和有关国家标准、行业标准的规定进行检查，做到“全覆盖、零容忍、严执法、重实效”，真正做到严格执法。

76. 应急管理部门履行监督检查职责，应当采取哪些措施？

根据《安全生产法》第 62 条第 2 款的规定，应急管理部门履行监督检查职责，应当采取下列措施：（1）对生产经营单位进行分类分级监督管理。分类，是指根据生产经营单位危险性质的不同，划分不同的行业或者领域类别。分级，是指根据生产经营单位存在的可能引发生产安全事故的风险程度，对其进行等级评估，确定事故风险等级。（2）制定本部门年度监督检查计划，并按照计划实施监督检查。应急管理部门应当根据本部门执法人员的数量、装备配备、执法区域的范围和生产经营单位的数量、分布、生产规模以及安全生产状况等因素科学、合理制定年度监督检查计划。监督检查计划应当包括检查的生产经营单位数量和频次、检查的方式、重点等内容，并落实到本部门内设责任机构及人员。

77. 安全生产事项的审批如何进行？

《安全生产法》第 63 条规定，负有安全生产监督管理职责的部门依照有关法律、法规的规定，对涉及安全生产的事项需要审查批准（包括批准、核准、许可、注册、认证、颁发证照等，下同）或者验收的，必须严格依照有关法律、法规和国家标准或者行业标准规定的安全生产条件和程序进行审查；不符合有关法律、法规和国家标准或者行业标准规定的安全生产条件的，不得批准或者验收通过。对未依法取得批准或者验收合格的单位擅自从事有关活动的，负责行政审批的部门发现或者接到举报后应当立即予以取缔，并依法予以处理。对已经依法取得批准的单位，负责行政审批的部门发现其不再具备安全生产条件的，应当撤销原批准。

78. 在安全生产监督检查中，应急管理部门和其他负有安全生产监督管理职责的部门应当行使哪些职权？

《安全生产法》第65条规定，在安全生产监督检查中应急管理部门和其他负有安全生产监督管理职责的部门应当行使下列职权：

一是现场调查取证。包括：(1) 进入生产经营单位进行现场检查。(2) 向被检查单位调阅与监督检查有关的资料。(3) 向有关人员了解相关情况。

二是现场处理。包括：(1) 对监督检查中发现的安全生产违法行为，当场予以纠正或者要求限期改正。(2) 责令排除事故隐患，对现场监督检查中发现的事故隐患，责令被检查单位采取有效措施，立即予以排除。(3) 检查中发现的事故隐患属于重大隐患，在隐患排除前或者排除过程中不能保证人员安全的，应当责令从危险区域撤出作业人员，责令暂时停产停业，或者停止使用存在重大事故隐患的相关设施、设备。重大事故隐患被排除后，经审查同意，生产经营单位才能恢复有关的生产经营活动或者恢复有关设施、设备的使用。

三是作出行政处罚。对检查中发现的安全生产违法行为，依照有关法律法规应当予以处罚的，依法作出行政处罚决定。

四是采取行政强制措施。对有根据认为不符合保障安全生产的国家标准或者行业标准的设施、设备、器材以及违法生产、储存、使用、经营、运输的危险物品予以查封或者扣押，对违法生产、储存、使用、经营危险物品的作业场所予以查封，并依法作出处理决定。

79. 如何理解“监督检查不得影响正常生产经营活动”？

《安全生产法》第 65 条第 2 款规定：“监督检查不得影响被检查单位的正常生产经营活动。”这里的“正常生产经营活动”是指，没有违反安全生产要求、履行了安全生产义务的生产经营活动。而对于在检查中发现的违法行为，事故隐患，不符合保障安全生产的国家标准或者行业标准的设施、设备、器材，违法生产、储存、使用、经营、运输的危险物品，违法生产、储存、使用、经营危险物品的作业场所，分别采取当场纠正或者要求限期改正，责令立即排除，责令暂时停产停业或者停止使用相关设施、设备，查封或者扣押等措施，不属于影响正常生产经营活动。生产经营单位不得以此为借口，拒绝、阻挠职能部门的监督检查。

80. 在安全生产监督检查中，必须实行联合检查吗？

《安全生产法》第 69 条规定，负有安全生产监督管理职责的部门在监督检查中，应当互相配合，实行联合检查；确需分别进行检查的，应当互通情况，发现存在的安全问题应当由其他有关部门进行处理的，应当及时移送其他有关部门并形成记录备查，接受移送的部门应当及时进行处理。

81. 生产经营单位拒不执行停产停业决定的，负有安全生产监督管理职责的部门可以采取强制措施吗？

《安全生产法》第70条规定，负有安全生产监督管理职责的部门依法对存在重大事故隐患的生产经营单位作出停产停业、停止施工、停止使用相关设施或者设备的决定，生产经营单位应当依法执行，及时消除事故隐患。生产经营单位拒不执行，有发生生产安全事故的现实危险的，在保证安全的前提下，经本部门主要负责人批准，负有安全生产监督管理职责的部门可以采取通知有关单位停止供电、停止供应民用爆炸物品等措施，强制生产经营单位履行决定。通知应当采用书面形式，有关单位应当予以配合。不过应当注意的是，负有安全生产监督管理职责的部门依照前述规定采取停止供电措施，除有危及生产安全的紧急情形外，应当提前24小时通知生产经营单位。生产经营单位依法履行行政决定、采取相应措施消除事故隐患的，负有安全生产监督管理职责的部门应当及时解除前述规定的措施。

82. 承担安全评价、认证、检测、检验职责的机构的条件和责任法律是如何规定的？

《安全生产法》第 72 条规定，承担安全评价、认证、检测、检验职责的机构应当具备国家规定的资质条件，并对其作出的安全评价、认证、检测、检验结果的合法性、真实性负责。资质条件由国务院应急管理部门会同国务院有关部门制定。

承担安全评价、认证、检测、检验职责的机构应当建立并实施服务公开和报告公开制度，不得租借资质、挂靠、出具虚假报告。

83. 负有安全生产监督管理职责的部门应当如何建立举报制度？

《安全生产法》第 73 条规定，负有安全生产监督管理职责的部门应当建立举报制度，公开举报电话、信箱或者电子邮件地址等网络举报平台，受理有关安全生产的举报；受理的举报事项经调查核实后，应当形成书面材料；需要落实整改措施的，报经有关负责人签字并督促落实。对不属于本部门职责，需要由其他有关部门进行调查处理的，转交其他有关部门处理。涉及人员死亡的举报事项，应当由县级以上人民政府组织核查处理。

84. 可以向哪些部门举报事故隐患或者安全生产违法行为？

（1）应急管理部门。应急管理部门是安全生产工作的综合监督管理部门，根据《安全生产法》第 10 条第 1 款的规定，国务院应急管理部门依照本法，对全国安全生产工作实施综合监督管理；县级以上地方各级人民政府应急管理部门依照本法，对本行政区域内安全生产工作实施综合监督管理。因此，根据上述规定，任何单位和个人可以向应急管理部门举报事故隐患或者安全生产违法行为，由应急管理部门依法实施综合监督管理。

（2）应急管理部门以外的其他负有安全生产监督管理职责的部门。根据《安全生产法》第10条第2款的规定，国务院交通运输、住房和城乡建设、水利、民航等有关部门依照本法和其他有关法律、行政法规的规定，在各自的职责范围内对有关行业、领域的安全生产工作实施监督管理；县级以上地方各级人民政府有关部门依照本法和其他有关法律、法规的规定，在各自的职责范围内对有关行业、领域的安全生产工作实施监督管理。对新兴行业、领域的安全生产监督管理职责不明确的，由县级以上地方各级人民政府按照业务相近的原则确定监督管理部门。

（3）监察机关。《监察法》第3条规定，各级监察委员会是行使国家监察职能的专责机关，依照本法对所有行使公权力的公职人员进行监察。因此，对于各级地方人民政府、应急管理部门和其他负有安全生产监督管理职责的部门及其工作人员在安全生产监督管理过程中或者在事故报告和调查处理中有职务违法和职务犯罪的，任何单位和个人都可以向有关监察委员会举报。

85. 负有安全生产监督管理职责的部门向社会公开监督举报的联系方式应注意哪些问题？

负有安全生产监督管理职责的部门应当公开举报电话、信箱或者电子邮件地址，即要向社会公开监督举报的联系方式。

一是公开的面要广，要让多数人知悉。举报联系方式的宣传是否到位，关系到举报制度实施的成败。要充分利用影响面较广的电视、广播、报刊、互联网、宣传牌和宣传单等各种途径，多层次、全方位地对安全生产举报联系方式进行宣传，要持之以恒地长期宣传，让安全生产举报联系方式人人皆知。

二是公开受理举报的单位的电话、信箱或者电子邮件地址应当具体、明确，便于记忆。目前，各地已经设立全国统一的安全生产举报投诉特服号“12350”，受理安全生产事故、重大安全隐患、非法违法生产建设经营等方面的举报投诉。

三是对受理举报的内容应当公开，主要包括：(1) 在生产过程中违反劳动纪律或者违反安全生产操作规程的情形、各类安全生产事故、其他不安全因素等安全生产方面存在的问题。(2) 安全生产和现场管理中的违章指挥现象、违反安全生产法律法规和方针政策、安全生产责任不落实、事故隐患整改不及时等安全生产管理方面存在的问题，既包括对生产经营单位违反有关安全生产法律、法规行为的举报，也包括对负有安全生产监督管理职责部门的工作人员不依法行政的举报等。

86. 如何建立安全生产违法行为信息库?

负有安全生产监督管理职责的部门应当建立安全生产违法行为信息库，如实记录生产经营单位及其有关从业人员的安全生产违法行为信息；对违法行为情节严重的生产经营单位及其有关从业人员，应当及时向社会公告，并通报行业主管部门、投资主管部门、自然资源主管部门、生态环境主管部门、证券监督管理机构以及有关金融机构。有关部门和机构应当对存在失信行为的生产经营单位及其有关从业人员采取加大执法检查频次、暂停项目审批、上调有关保险费率、行业或者职业禁入等联合惩戒措施，并向社会公示。

负有安全生产监督管理职责的部门应当加强对生产经营单位行政处罚信息的及时归集、共享、应用和公开，对生产经营单位作出处罚决定后七个工作日内在监督管理部门公示系统予以公开曝光，强化对违法失信生产经营单位及其有关从业人员的社会监督，提高全社会安全生产诚信水平。

87. 工会应该如何履行其对安全生产工作的监督职责？

（1）根据《工会法》第 6 条的规定，工会依照法律规定通过职工代表大会或者其他形式，组织职工参与本单位的民主决策、民主管理和民主监督。企业、事业单位违反劳动法律、法规规定，不提供劳动安全卫生条件、随意延长劳动时间等，侵犯职工劳动权益的，工会应当代表职工与企业、事业单位交涉，要求企业、事业单位采取措施予以改正；企业、事业单位拒不改正的，工会可以请求当地人民政府依法作出处理。

（2）工会发现企业违章指挥、强令工人冒险作业，或者生产过程中发现事故隐患和职业危害，有权提出解决的建议；发现危及职工生命安全的情况时，工会有权向企业建议组织职工撤离危险现场。

(3) 职工因工伤亡事故和其他严重危害职工健康问题的调查处理，必须有工会参加。

(4) 国家机关在组织起草或者修改直接涉及职工切身利益的法律、法规、规章时，应当听取工会意见。县级以上各级人民政府及其有关部门研究制定劳动安全卫生、社会保险等涉及职工切身利益的政策、措施时，应当吸收同级工会参加研究，听取工会意见。企业、事业单位召开讨论有关劳动安全卫生、社会保险等涉及职工切身利益的会议，必须有工会代表参加。

88. 工会如何对本单位建设项目的安全设施进行监督？

《安全生产法》第 60 条第 1 款规定，工会有权对建设项目的安全设施提出意见。《工会法》第 23 条规定，工会依照国家规定对新建、扩建企业和技术改造工程中的劳动条件和安全卫生设施与主体工程同时设计、同时施工、同时投产使用进行监督。生产经营单位对工会提出的意见，应当认真处理。对确有法律依据的，应当按照工会的意见处理。对未按照工会的意见处理的，工会还可以向有关主管部门反映，或者向上一级工会反映，要求解决。

第五章　安全生产服务中介机构的权利和义务

89. 什么是安全生产服务中介机构？

安全生产服务中介机构是依法设立的向社会开放的，接受生产经营单位或者负有安全生产监督管理职责的部门等的委托，对有关的安全生产条件、安全产品、安全设备等进行技术性评价、技术性检验、安全认证等，并出具相关报告的机构。安全生产服务中介机构是具有独立法人资格的社会组织，既不同于行政机关，也不同于一般的生产经营单位和事业组织，其依照法律、行政法规和执业准则，依法独立执业，协助政府开展安全生产监督与管理，促进企业安全管理水平的提高。安全生产服务中介机构依法独立履行职责的权利受法律保护，任何单位和个人不得非法干预。

安全生产中介服务的领域可以包括金融、工伤保险、科学技术、教育培训、法律咨询、检测检验、事故调查、安全评价、体系认证等各个方面，目前，在我国其主要表现为安全评价和检验检测。

90. 安全生产服务中介机构的设立应具备哪些资质条件？

《安全生产法》第72条规定，承担安全评价、认证、检测、检验职责的机构应当具备国家规定的资质条件。该规定既是对必要的技术人员、管理人员的资格方面的要求，也是对必要的检测、检验设备方面的要求，对必要的组织机构的要求，对建立健全有关检测、检验操作规程的要求等。这里的“国家规定”，包括法律、行政法规和国务院有关部门依法制定的行政规章等的规定。只有符合国家规定的资质条件，按照法定程序申请登记并获得批准的，方可从事安全生产中介服务活动。

91. 安全评价、认证、检测、检验具体是指哪些工作?

安全评价、认证、检测、检验是安全生产工作的重要环节。安全评价是指对生产经营单位的有关安全生产条件是否符合有关法律、法规和国家标准或者行业标准所提出的综合性意见。安全认证，是指根据生产经营单位申请，由有关机构对其安全生产条件是否达到一定的要求进行的证明，并发给其证书或者标志。安全检测、检验主要是指通过一定的技术手段，对与安全生产有关的设施、设备的质量、性能或者某些物质的成分、含量等指标、参数等所进行的验证、测量等。

在安全生产工作中，安全评价、认证、检测、检验发挥着越来越重要的作用。安全评价、认证、检测、检验报告（证明）是生产经营单位进行安全生产管理以及负责安全生产监督管理的部门履行安全生产监督管理职责的重要依据。一些法律法规还要求生产经营单位必须进行相应的安全评价、认证、检测、检验。例如，《危险化学品安全管理条例》第 22 条规定，生产、储存危险化学品的企业，应当委托具备国家规定的资质条件的机构，对本企业的安全生产条件每3年进行一次安全评价，提出安全评价报告。第26条规定，储存危险化学品的单位应当对其危险化学品专用仓库的安全设施、设备定期进行检测、检验。

92. 安全生产服务中介机构享有哪些权利?

根据《安全生产法》的有关规定，安全生产服务中介机构和安全专业人员享有以下权利：(1) 依法从事的安全生产中介服务工作受法律保护，具有不受侵犯和追究的权利。任何单位和个人均无权干预、剥夺、阻碍其合法活动的权利。(2) 有权依照法律、法规和规章、标准的规定，从事授权范围内的有关安全生产业务。(3) 接受政府、部门的委托和生产经营单位的聘请，按照委托和约定的有关事项从事安全生产中介服务。(4) 有权拒绝从事非法或者服务范围以外的安全生产中介服务。(5) 有权依法收取中介服务报酬和费用。

93. 安全生产服务中介机构负有哪些义务?

根据《安全生产法》的有关规定，安全生产服务中介机构和安全专业人员负有以下义务：(1) 具备法定条件，依法取得安全生产中介服务资质。(2) 建立并实施服务公开和报告公开制度，不得租借资质、挂靠、出具虚假报告。(3) 在法律、行政法规规定的行业、领域和业务范围内，按照执业准则，从事合法的、真实的中介服务，不得从事欺诈和虚假的服务。(4) 严格按照政府、部门和生产经营单位的委托或者约定，完成所承担的安全生产中介服务事项。(5) 接受政府有关主管部门对其进行的检查监督。(6) 合理地确定服务报酬和收费标准，不得非法牟利。

94. 安全生产服务中介机构承担什么责任?

根据《安全生产法》第 72 条的规定，承担安全评价、认证、检测、检验职责的机构应当对其作出的安全评价、认证、检测、检验结果的合法性、真实性负责。此规定包括两方面的含义：(1) 安全评价、认证、检测、检验机构接受委托进行有关的安全评价、认证、检测、检验，必须做到客观、公正，执行规定的程序和操作规则，保证结果的合法性。(2) 安全评价、认证、检测、检验机构要对自己作出的安全评价报告和检测、检验结果的真实性、准确性负责，其出具的安全评价报告或者检测、检验结论不实的，要承担相应的法律责任。

第六章 生产安全事故的应急救援与调查处理

95. 如何建立生产安全事故应急救援信息系统？

《安全生产法》第79条规定，国家加强生产安全事故应急能力建设，在重点行业、领域建立应急救援基地和应急救援队伍，并由国家安全生产应急救援机构统一协调指挥；鼓励生产经营单位和其他社会力量建立应急救援队伍，配备相应的应急救援装备和物资，提高应急救援的专业化水平。

国务院应急管理部门牵头建立全国统一的生产安全事故应急救援信息系统，国务院交通运输、住房和城乡建设、水利、民航等有关部门和县级以上地方人民政府建立健全相关行业、领域、地区的生产安全事故应急救援信息系统，实现互联互通、信息共享，通过推行网上安全信息采集、安全监管和监测预警，提升监管的精准化、智能化水平。

96. 什么是生产安全事故应急救援预案？

生产安全事故应急救援预案是针对具体设备、设施、场所和环境，在安全评价的基础上，为降低事故造成的人身、财产损失与环境危害，就事故发生后的应急救援机构和人员，应急救援的设备、设施、条件和环境，行动的步骤和纲领，控制事故发展的方法和程序等，预先作出的科学而有效的计划和安排。

应急救援预案的制定一般可以分为五个步骤，即组建应急救援预案编制队伍、开展危险与应急能力分析、预案编制、预案评审与发布和预案的实施等。

97. 哪些部门和单位应当建立生产安全事故应急救援预案？

《安全生产法》第 80 条规定，县级以上地方各级人民政府应当组织有关部门制定本行政区域内生产安全事故应急救援预案，建立应急救援体系。乡镇人民政府和街道办事处，以及开发区、工业园区、港区、风景区等应当制定相应的生产安全事故应急救援预案，协助人民政府有关部门或者按照授权依法履行生产安全事故应急救援工作职责。第 81 条规定，生产经营单位应当制定本单位生产安全事故应急救援预案，与所在地县级以上地方人民政府组织制定的生产安全事故应急救援预案相衔接，并定期组织演练。

98. 生产经营单位制定生产安全事故应急预案应符合哪些要求？

生产经营单位应当根据有关法律、法规和国家其他有关规定，结合本单位的危险源状况、危险性分析情况和可能发生的事故特点，制定相应的应急救援预案。生产经营单位制定生产安全事故应急救援预案应当符合下列基本要求：（1）符合有关法律、法规、规章、标准和安全技术规范的规定；（2）结合本单位的生产经营活动的特点和安全生产实际情况；（3）结合本单位的危险性分析情况，针对本单位的风险隐患特点；（4）应急组织和人员的职责分工明确，并有具体的落实措施；（5）有明确、具体的事故预防措施和应急程序，并与其应急能力相适应；（6）有明确的应急保障措施，并能满足本单位的应急工作要求；（7）预案基本要素齐全、完整，预案附件提供的信息准确；（8）预案内容与相关应急救援预案相互衔接。

99. 生产安全事故应急预案包括哪些种类？

根据《生产安全事故应急预案管理办法》第6条的规定，按照针对情况的不同，生产经营单位的应急救援预案可以分为三类：（1）综合应急预案。生产经营单位根据风险种类、可能发生事故的类型，应当组织编制本单位的综合应急预案。综合应急预案应当包括本单位的应急组织机构及其职责、预案体系及响应程序、事故预防及应急保障、应急培训及预案演练等主要内容。（2）专项应急预案。对于某一种或多种类型的风险，生产经营单位应当根据存在的重大危险源和可能发生的事故类型，制定相应的工作方案。专项应急预案应当包括危险性分析、可能发生的事故特征、应急组织机构与职责、预防措施、应急处置程序和应急保障等内容。（3）现场处置方案。对于危险性较大的重点岗位，生产经营单位应当制定重点工作岗位的现场处置方案。现场处置方案应当包括危险性分析、可能发生的事故特征、应急处置程序、应急处置要点和注意事项等内容。生产经营单位编制的综合应急预案、专项应急预案和现场处置方案之间应当相互衔接，并与所涉及的其他单位的应急预案相互衔接。

100. 哪些情形下，生产安全事故应急预案应当进行修订？

根据《生产安全事故应急条例》第 6 条的规定，生产安全事故应急救援预案应当符合有关法律、法规、规章和标准的规定，具有科学性、针对性和可操作性，明确规定应急组织体系、职责分工以及应急救援程序和措施。如果制定应急预案时所依据的法律法规或客观情况发生了重大变化，那么应急预案也应当进行相应的调整。

具体而言，有下列情形之一的，生产安全事故应急救援预案制定单位应当及时修订相关预案：（1）制定预案所依据的法律、法规、规章、标准发生重大变化；（2）应急指挥机构及其职责发生调整；（3）安全生产面临的风险发生重大变化；（4）重要应急资源发生重大变化；（5）在预案演练或者应急救援中发现需要修订预案的重大问题；（6）其他应当修订的情形。

101. 所有生产经营单位都需要建立应急救援组织吗？

《安全生产法》第 82 条规定，危险物品的生产、经营、储存单位以及矿山、金属冶炼、城市轨道交通运营、建筑施工单位应当建立应急救援组织；生产经营规模较小的，可以不建立应急救援组织，但应当指定兼职的应急救援人员。

可见，危险物品（包括易燃易爆物品、危险化学品、放射性物品等）的生产、经营、存储单位以及矿山、金属冶炼、城市轨道交通运营、建筑施工单位属于高危行业生产经营单位，必须本着高度负责的态度，严格执行国家有关安全生产的相关法律、法规、标准或者安全技术规范的规定，建立健全严格的安全管理规章制度，设置必要的安全防护设施，提高从业人员的素质，保证生产经营活动的安全进行。

由于高危行业的生产经营单位的危险程度不一样，对应急救援组织的要求有所不同，因此，该条对相关单位建立应急救援组织的问题只作出原则性规定。至于高危行业的生产经营单位应当建立什么形式、多大规模的救援组织，应当按照有关规定执行。对于生产经营规模较小的高危行业生产经营单位，按照该条的规定，可以不建立应急救援组织的，但应当指定兼职的应急救援人员。无论是专职的救援人员还是兼职的救援人员，都必须经过严格训练，符合要求才能担任救护人员；否则，可能会造成不必要的损失。

102. 生产安全事故发生后，生产经营单位应当采取哪些应急救援措施？

根据《生产安全事故应急条例》第 17 条的规定，发生生产安全事故后，生产经营单位应当立即启动生产安全事故应急救援预案，采取下列一项或者多项应急救援措施，并按照国家有关规定报告事故情况：(1) 迅速控制危险源，组织抢救遇险人员；(2) 根据事故危害程度，组织现场人员撤离或者采取可能的应急措施后撤离；(3) 及时通知可能受到事故影响的单位和人员；(4) 采取必要措施，防止事故危害扩大和次生、衍生灾害发生；(5) 根据需要请求邻近的应急救援队伍参加救援，并向参加救援的应急救援队伍提供相关技术资料、信息和处置方法；(6) 维护事故现场秩序，保护事故现场和相关证据；（7）法律、法规规定的其他应急救援措施。

103. 生产安全事故发生后，生产经营单位应如何组织抢救？

根据《安全生产法》第50条、第83条第2款的规定，生产经营单位负责人接到事故报告后，应当迅速采取有效措施，组织抢救，防止事故扩大，减少人员伤亡和财产损失，不得在事故调查处理期间擅离职守。

生产安全事故发生后，组织抢救是生产经营单位的首要任务。组织抢救包括组织救护组织抢救和从业人员自救。例如，对于矿山企业来讲，抢救遇难人员是矿山救护队的首要任务。要创造条件以最快的速度、最短的路线，将受伤、窒息的人员运到安全的地点进行急救。在专业救护队没有到达之前，辅助救护队应迅速引导和积极救助遇难人员脱离灾区。专业救护队到达后，辅助救护队应积极协助专业救护队完成抢险任务。此外，组织从业人员自救，对防止事故扩大，减少人员伤亡和财产损失有很大作用。例如，对于矿山企业，井下发生事故，现场负责人在保证安全的条件下积极投入临场抢救。如确实不可能消灭和控制险情，应根据当时的实际情况，组织井下人员迅速撤离危险区域。如果无法撤退，如冒顶或者被灾害阻碍时，应积极采取避灾措施，等待营救。

104. 生产安全事故发生后，有关单位是否应当立即报告？

根据《安全生产法》第83条第2款、《生产安全事故报告和调查处理条例》第9条、第14条的规定，事故发生后，生产经营单位应当立即启动相关应急预案，采取有效处置措施，开展先期应急工作，控制事态发展，并按规定立即如实向当地负有安全生产监督管理职责的部门报告。此外，根据原安全监管总局等部门发布的《关于加强企业应急管理工作意见的通知》，对溢流、井喷、危险化学品泄漏、放射源失控等可能对周边群众和环境产生危害的事故，生产经营单位应在向地方政府和有关部门报告的同时，及时向可能受到影响的单位、职工、群众发出预警信息，标明危险区域，组织、协助应急救援队伍和工作人员救助受害人员，疏散、撤离、安置受到威胁的人员，并采取必要措施防止发生次生、衍生事故。

105. 发生生产安全事故的生产经营单位应当按照什么程序进行报告?

依照《生产安全事故报告和调查处理条例》的规定，发生生产安全事故的生产经营单位应当按照下列程序作出报告：

（1）事故发生后，事故现场有关人员应当立即向本单位负责人报告。

（2）单位负责人接到报告后，应当于1小时内向事故发生地县级以上人民政府应急管理部门和负有安全生产监督管理职责的有关部门报告。在现代通信技术比较发达的条件下，这一要求既能保证事故单位采取相关应急措施，又能保证安全生产监督管理部门和其他负有安全生产监督管理职责的有关部门较快地获取事故的相关情况。需要注意的是，“当地负有安全生产监督管理职责的部门”包括当地县级以上人民政府应急管理部门和对事故单位负有安全生产监督管理职责的其他相关部门。因此，事故单位负责人既有向县级以上人民政府应急管理部门报告的义务，又有向负有安全生产监督管理职责的其他有关部门报告的义务。

（3）情况紧急时，事故现场有关人员可以直接向事故发生地县级以上人民政府应急管理部门和负有安全生产监督管理职责的有关部门报告，以利于积极组织事故救援力量调度。在一般情况下，事故现场有关人员应当向本单位负责人报告事故，但是，事故是人命关天的大事，应当在情况紧急时，允许事故现场有关人员直接向应急管理部门和负有安全生产监督管理职责的有关部门报告。至于“情况紧急”应该作较为灵活的理解，比如事故单位负责人联系不上、事故重大需要政府部门迅速调集救援力量等情形。对于负有安全生产监督管理职责的部门和具体工作人员来说，只要接到事故现场有关人员的报告，不论是否属于“情况紧急”，都应当立即赶赴现场，并积极组织事故救援。

（4）报告事故应当包括下列内容：①事故发生单位概况；②事故发生的时间、地点以及事故现场情况；③事故的简要经过；④事故已经造成或者可能造成的伤亡人数（包括下落不明的人数）和初步估计的直接经济损失；⑤已经采取的措施；⑥其他应当报告的情况。

（5）事故报告后出现新情况的，应当及时补报。自事故发生之日起 30 日内，事故造成的伤亡人数发生变化的，应当及时补报。道路交通事故、火灾事故自发生之日起 7 日内，事故造成的伤亡人数发生变化的，应当及时补报。

106. 负有安全生产监督管理职责的部门应在多长的时限内上报事故?

对于报告时限,《生产安全事故报告和调查处理条例》第9条规定,事故发生后,事故现场有关人员应当立即向本单位负责人报告;单位负责人接到报告后,应当于1小时内向事故发生地县级以上人民政府应急管理部门和负有安全生产监督管理职责的有关部门报告。应急管理部门和负有安全生产监督管理职责的有关部门逐级上报事故情况,每级上报的时间不得超过2小时。

因此,以特别重大事故的报告为例,从事故发生单位负责人报告县级主管部门,再由县级主管部门报告市级主管部门、市级主管部门报告省级主管部门、省级主管部门报告国务院主管部门,最后报至国务院,所需最长时限仅为9小时。

107. 应急管理部门和负有安全生产监督管理职责的有关部门接到事故报告后,应当如何上报事故情况?

根据《生产安全事故报告和调查处理条例》第10条的规定,应急管理部门和负有安全生产监督管理职责的有关部门接到事故报告后,应当依照下列规定上报事故情况,并通知公安机关、劳动保障行政部门、工会和人民检察院:(1)特别重大事故、重大事故逐级上报至国务院应急管理部门和负有安全生产监督管理职责的有关部门。(2)较大事故逐级上报至省、自治区、直辖市人民政府应急管理部门和负有安全生产监督管理职责的有关部门。(3)一般事故上报至设区的市级人民政府应急管理部门和负有安全生产监督管理职责的有关部门。

应急管理部门和负有安全生产监督管理职责的有关部门依照上述规定上报事故情况，应当同时报告本级人民政府。国务院应急管理部门和负有安全生产监督管理职责的有关部门以及省级人民政府接到发生特别重大事故、重大事故的报告后，应当立即报告国务院。必要时，应急管理部门和负有安全生产监督管理职责的有关部门可以越级上报事故情况。应急管理部门和负有安全生产监督管理职责的有关部门逐级上报事故情况，每级上报的时间不得超过2小时。

108. 报告生产安全事故应当包括哪些内容？

《生产安全事故报告和调查处理条例》第12条规定，报告事故应当包括下列内容：（1）事故发生单位概况；（2）事故发生的时间、地点以及事故现场情况；（3）事故的简要经过；（4）事故已经造成或者可能造成的伤亡人数（包括下落不明的人数）和初步估计的直接经济损失；（5）已经采取的措施；（6）其他应当报告的情况。

109. 生产安全事故报告后又出现新情况的，应当如何处理？

《生产安全事故报告和调查处理条例》第13条规定，事故报告后出现新情况的，应当及时补报。自事故发生之日起30日内，事故造成的伤亡人数发生变化的，应当及时补报。道路交通事故、火灾事故自发生之日起7日内，事故造成的伤亡人数发生变化的，应当及时补报。可见，生产安全事故的报告不是一时的，而是持续的、动态的，事故报告之后又出现新情况的，应当及时补报，便于及时根据新情况调整应急预案、采取有针对性的措施。

110. “隐瞒不报”“谎报”和“迟报”具体是指哪些情形？

隐瞒不报，是指对发生的生产安全事故不进行上报，隐瞒已经发生的事故，并经有关部门查证属实的。谎报，是指不按照国家有关规定对应当上报的事故发生单位概况、事故的发生时间、地点、简要经过、现场情况、已经造成和可能造成的伤亡人数、直接经济损失、事故类别等内容故意不如实报告的。迟报，是指超过《生产安全事故报告和调查处理条例》或者其他国家有关规定要求的时限报告事故情况，包括对事故情况故意拖延不报的。生产经营单位的主要负责人、有关地方人民政府、负有安全生产监督管理职责的部门，对生产安全事故隐瞒不报、谎报或者迟报的，将依法追究行政责任或刑事责任。

111. 有关地方人民政府、负有安全生产监督管理职责的部门对生产安全事故隐瞒不报、谎报或者迟报的，将承担什么法律责任？

《安全生产法》第 111 条规定，有关地方人民政府、负有安全生产监督管理职责的部门，对生产安全事故隐瞒不报、谎报或者迟报的，对直接负责的主管人员和其他直接责任人员依法给予处分；构成犯罪的，依照《刑法》有关规定追究刑事责任。《刑法》第 139 条之一规定了不报、谎报安全事故罪：在安全事故发生后，负有报告职责的人员不报或者谎报事故情况，贻误事故抢救，情节严重的，处三年以下有期徒刑或者拘役；情节特别严重的，处三年以上七年以下有期徒刑。

根据上述规定，承担法律责任的主体是有关地方人民政府、负有安全生产监督管理职责的部门对违法行为直接负责的主管人员和其他直接责任人员。有关地方人民政府、负有安全生产监督管理职责的部门的对违法行为直接负责的主管人员和其他直接责任人员应当承担的责任有：(1) 根据违法行为情节轻重，分别给予警告、记过、记大过、降级、撤职、开除等政务处分；(2) 构成犯罪的，对其直接负责的主管人员和其他直接责任人员依据《刑法》关于不报、谎报安全事故罪的有关规定，追究刑事责任。

112. 生产安全事故发生后，有关单位和个人应当如何保护事故现场?

根据《安全生产法》第 83 条、《生产安全事故报告和调查处理条例》第 16 条的规定，事故发生后，有关单位和人员应当妥善保护事故现场以及相关证据，任何单位和个人不得破坏事故现场、毁灭相关证据。事故现场保护的主要任务就是在现场勘查之前，维持现场的原始状态，既不使它减少任何痕迹、物品，也不使它增加任何痕迹、物品。在事故调查组未进入事故现场前，企业应派专人看护现场，保护事故现场，必须根据事故现场的具体情况和周围环境，划定保护区的范围，布置警戒，必要时，将事故现场封锁起来，禁止一切人员进入保护区，即使是保护现场的人员，也不能无故出入，更不能擅自进行勘查，禁止随意触摸或者移动事故现场的任何物品。

因抢救人员、防止事故扩大以及疏通交通等原因，需要移动事故现场物件的，应当做出标志，绘制现场简图并做出书面记录，妥善保存现场重要痕迹、物证，并应当尽量使现场少受破坏。同时，移动物件必须经过事故单位负责人或者组织事故调查的应急管理部门和负有安全生产监督管理职责的有关部门的同意。

113. 如何开展事故调查?

《安全生产法》第 86 条规定，事故调查处理应当按照科学严谨、依法依规、实事求是、注重实效的原则，及时、准确地查清事故原因，查明事故性质和责任，评估应急处置工作，总结事故教训，提出整改措施，并对事故责任单位和人员提出处理建议。事故调查报告应当依法及时向社会公布。事故调查和处理的具体办法由国务院制定。

可以看出，事故调查的主要任务包括以下四个方面：

(1) 及时、准确地查清事故原因。事故原因有可能是自然原因，也有可能是人为原因，更多情况下则是二者共同造成的。事故原因一般包括直接原因和间接原因，应根据事故调查所确认的事实，从直接原因入手，逐步深入到间接原因，从而掌握事故的全部原因。直接原因是指直接导致事故发生的原因，包括物的不安全状态和人的不安全行为：①物的不安全状态是指造成事故的物质条件，即机械、设施、作业场所的潜在危险，如矿山作业场所采场支护不当、瓦斯超限等。②人的不安全行为是指造成矿山事故的人为错误，如违章作业、违章指挥等。间接原因是指直接原因得以产生和存在的原因，包括：①设计上的欠缺；②对职工的安全教育培训不够，或者未经培训就上岗作业；③劳动组织不合理；④没有操作规程或者操作规程不健全；⑤未对事故隐患采取措施等。

事故原因的调查离不开对事故发生经过的调查，查明事故发生的经过包括以下内容：事故发生前，事故发生单位生产作业状况；事故发生的具体时间、地点；事故现场状况及事故现场保护情况；事故发生后采取的应急处置措施情况；事故报告经过；事故抢救及事故救援情况；事故的善后处理情况；其他与事故发生经过有关的情况。查清事故原因，重在及时、准确。所谓及时，就是应在规定的时间内尽快查出事故原因。一般情况下，事故调查组应当自事故发生之日起 60 日内完成调查，提交事故调查报告；特殊情况下，经负责事故调查的人民政府批准，提交事故调查报告的期限可以适当延长，但延长的期限最长不超过 60 日。所谓准确，是指应当客观地、全面地反映事故发生的原因。

（2）查明事故性质和责任。这是指要查明事故的类型和具体责任的承担。事故性质是指事故是人为事故还是自然事故，是意外事故还是责任事故。如果是人为事故和责任事故，就应当查明哪些人员对事故负有责任，并确定其责任。事故责任有直接责任，也有间接责任；有主要责任，也有次要责任。事故责任分析，就要根据事故调查所确认的事实，通过对直接原因和间接原因的分析，确定事故中的直接责任者、主要责任者和领导责任者。一般而言，直接责任者是指其行为与事故发生有直接因果关系的人员，如违章作业人员；主要责任者是指对事故发生负有主要责任的人员，如违章指挥者；领导责任者是指对事故发生负有领导责任的人员，主要是政府及其有关部门的人员。

（3）总结事故教训，提出整改措施。通过查明事故经过和事故原因，发现安全生产管理工作的漏洞，从事故中总结教训，并提出整改措施，防止今后类似事故再次发生，这是事故调查处理的重要任务和内容之一，也是事故调查处理的最根本目的。

（4）对事故责任单位和人员提出处理建议。事故原因和责任调查完毕之后，还应当根据法律法规对责任单位和人员应当受到的行政处罚、政务处分等提出具体建议，便于及时有力追责。

114. 如何确保事故发生单位落实整改措施？

《安全生产法》第86条规定，事故发生单位应当及时全面落实整改措施，负有安全生产监督管理职责的部门应当加强监督检查。负责事故调查处理的国务院有关部门和地方人民政府应当在批复事故调查报告后一年内，组织有关部门对事故整改和防范措施落实情况进行评估，并及时向社会公开评估结果；对不履行职责导致事故整改措施没有落实的有关单位和人员，应当按照有关规定追究责任。

115. 事故调查报告应当包含哪些内容？

《生产安全事故报告和调查处理条例》第30条规定，事故调查报告的内容包括：（1）事故发生单位概况；（2）事故发生经过和事故救援情况；（3）事故造成的人员伤亡和直接经济损失；（4）事故发生的原因和事故性质；（5）事故责任的认定以及对事故责任者的处理建议；（6）事故防范和整改措施。事故调查报告应当附具有关证据材料。事故调查组成员应当在事故调查报告上签名。

116. 事故调查报告应当向社会公布吗?

《安全生产法》第 86 条规定了事故调查报告向社会公布的制度，即针对具体的事故调查报告，涉及某一事故的起因、后果、事故责任和调查处理情况等内容，应当依法及时向社会公布。此外，负责事故调查处理的国务院有关部门和地方人民政府应当在批复事故调查报告后一年内，组织有关部门对事故整改和防范措施落实情况进行评估，并及时向社会公开评估结果。

117. 事故调查报告中包含依法应当保密的内容，能否以此为由不向社会公布调查报告?

这里所说的依法应当保密的内容既包括依据《保守国家秘密法》等规定的属于国家秘密的信息，也包括依据其他有关法律、行政法规规定，应当保密的企业商业秘密等。商业秘密，是指不为公众所知悉，能为权利人带来经济利益，具有实用性并经权利人采取保密措施的技术信息和经营信息。向社会公布事故调查报告，对于依法应当保密的内容，不应当向社会公布，但这并不意味着有关地方人民政府和部门能以事故调查报告中某一部分需要保密为由，不予公布，而是应当对事故调查报告的保密部分作出适当处理后，依法予以公布。

118. 生产安全事故的统计分析和公布由哪个部门负责?

《安全生产法》第89条规定，县级以上地方各级人民政府应急管理部门应当定期统计分析本行政区域内发生生产安全事故的情况，并定期向社会公布。通过公布生产安全事故情况，生产经营单位可以了解安全生产的形势，结合自身的行业特点采取必要的防范事故的具体措施，不断提高安全生产水平；社会公众也可以对一定时期内发生生产安全事故的情况有所了解，便于监督生产经营单位和政府有关部门的安全生产工作，有利于全社会安全生产意识的提高。

目前，对于生产安全事故情况的统计分析和公布的具体分工是：省级人民政府负责安全生产监督管理的部门负责本省、自治区、直辖市范围内发生生产安全事故的情况的统计分析和公布；市、县人民政府负责安全生产监督管理的部门负责本市、县行政区域内这方面的工作。省级人民政府负责安全生产监督管理的部门应当在全省性的媒体上公布，市、县级人民政府负责安全生产监督管理的部门应当分别在全市性和县级媒体上公布。

119. 能否以公布生产安全事故的总体情况替代公布具体事故的调查报告?

《安全生产法》第86条规定了事故调查报告及时向社会公布的制度，该规定与第89条规定的生产安全事故情况定期向社会公布是有区别的。《安全生产法》第89条规定的安全生产事故情况公布主要是从统计分析的角度，对某一地区一段时间内生产安全事故的数量、类别、死伤人数、财产损失等综合情况的公布，不同于具体事故的调查报告的公布，不能以公布生产安全事故的总体情况替代对于具体事故调查报告的公布。

第七章　安全生产的法律责任

120. 负有安全生产监督管理职责的部门工作人员的哪些行为会受到处分？

根据《安全生产法》第90条的规定，负有安全生产监督管理职责的部门的工作人员，有下列行为之一的，给予降级或者撤职的处分；构成犯罪的，依照《刑法》有关规定追究刑事责任：

（1）对不符合法定安全生产条件的涉及安全生产的事项予以批准或者验收通过的。“法定安全生产条件”是指《安全生产法》和有关法律、行政法规和国家标准或者行业标准规定的安全生产条件，“涉及安全生产的事项”既包括《安全生产法》规定的矿山、金属冶炼、建筑施工、道路运输等活动中涉及的安全设施的监管等事项，也包括其他有关法律、行政法规规定应由负有安全生产监督管理职责的部门进行审批、验收的事项。

（2）发现未依法取得批准、验收的单位擅自从事有关活动或者接到举报后不予取缔或者不依法予以处理的。按照《安全生产法》的规定，未依法取得批准或者验收合格的单位擅自从事有关活动的，负责行政审批的部门发现或者接到举报后应当根据情况予以取缔，或者依法给予其他处理。否则就属于不依法履行法定职责的行为，应依照本条规定追究法律责任。

（3）对已经依法取得批准的单位不履行监督管理职责，发现其不再具备安全生产条件而不撤销原批准或者发现安全生产违法行为不予查处的。按照《安全生产法》的规定，对已经依法取得批准的单位，负责行政审批的部门发现其不再具备安全生产条件的，应当撤销原批准。负责审批的部门不依法履行法律所规定的这一职责的，依照本条规定追究其法律责任。

（4）在监督检查中发现重大事故隐患，不依法及时处理的。根据《安全生产法》的规定，应急管理部门和其他负有安全生产监督管理职责的部门对检查中发现的事故隐患，应当责令立即排除；重大事故隐患排除前或者排除过程中无法保证安全的，应当责令从危险区域内撤出作业人员，责令暂时停产停业或者停止使用相关设施或者设备。如果对发现的重大事故隐患不及时依法处理，依照本条规定追究法律责任。

负有安全生产监督管理职责的部门的工作人员有上述规定以外的滥用职权、玩忽职守、徇私舞弊行为的，依法给予处分；构成犯罪的，依照《刑法》有关规定追究刑事责任。

121. 生产经营单位的资金投入不符合法定要求的，将承担什么法律责任？

《安全生产法》第 93 条规定，生产经营单位的决策机构、主要负责人或者个人经营的投资人不依照本法规定保证安全生产所必需的资金投入，致使生产经营单位不具备安全生产条件的，责令限期改正，提供必需的资金；逾期未改正的，责令生产经营单位停产停业整顿。有前述违法行为，导致发生生产安全事故的，对生产经营单位的主要负责人给予撤职处分，对个人经营的投资人处 2 万元以上 20 万元以下的罚款；构成犯罪的，依照刑法有关规定追究刑事责任。

根据上述规定，承担法律责任的主体是生产经营单位的决策机构、主要负责人、个人经营的投资人以及生产经营单位的主要负责人，这是考虑到实践中各种不同组织形式的生产经营单位的实际情况，有利于准确地适用法律责任。

承担法律责任的违法行为是不依照《安全生产法》的规定保证安全生产所必需的资金投入，致使生产经营单位不具备安全生产条件。所谓“致使生产经营单位不具备安全生产条件”，是指因保证安全生产所必需的资金投入不足，使生产经营单位在设施、设备等物质条件以及安全生产管理机构设置、人员配备以及从业人员安全生产教育和培训等管理方面不符合法律、行政法规和有关国家标准或者行业标准规定的安全生产条件。

承担法律责任的形式包括：(1) 责令限期改正，提供必需的资金；(2) 逾期未改正的，责令生产经营单位停产停业整顿；(3) 因违法行为造成生产安全事故，尚不够刑事处罚的，对生产经营单位的主要负责人给予撤职处分，对个人经营的投资人处以罚款；(4) 因违法行为导致发生生产安全事故，构成犯罪的，依照《刑法》有关规定追究刑事责任。

122. 生产经营单位主要负责人未履行《安全生产法》规定的安全生产管理职责的，将承担什么法律责任？

《安全生产法》第 21 条明确规定了生产经营单位的主要负责人对本单位安全生产工作负有管理职责。《安全生产法》第 94 条规定，生产经营单位的主要负责人未履行本法规定的安全生产管理职责的，责令限期改正，处 2 万元以上 5 万元以下的罚款；逾期未改正的，处 5 万元以上 10 万元以下的罚款，责令生产经营单位停产停业整顿。生产经营单位的主要负责人有前述违法行为，导致发生生产安全事故的，给予撤职处分；构成犯罪的，依照《刑法》有关规定追究刑事责任。生产经营单位的主要负责人依照前述规定受到刑事处罚或者撤职处分的，自刑罚执行完毕或者受处分之日起，五年内不得担任任何生产经营单位的主要负责人；对重大、特别重大生产安全事故负有责任的，终身不得担任本行业生产经营单位的主要负责人。

第 95 条规定，如果生产经营单位的主要负责人未履行本法规定的安全生产管理职责，而导致发生生产安全事故，则由应急管理部门依照下列规定处以罚款：（1）发生一般事故的，处上一年年收入 40% 的罚款；（2）发生较大事故的，处上一年年收入 60% 的罚款；（3）发生重大事故的，处上一年年收入 80% 的罚款；（4）发生特别重大事故的，处上一年年收入 100% 的罚款。

123. 生产经营单位的其他负责人和安全生产管理人员未履行《安全生产法》规定的安全生产管理职责的，将承担什么法律责任？

《安全生产法》第25条明确规定了生产经营单位的安全生产管理机构以及安全生产管理人员对本单位安全生产工作负有管理职责，还规定了生产经营单位可以设置专职安全生产分管负责人，协助本单位主要负责人履行安全生产管理职责。该法第96条规定，生产经营单位的其他负责人和安全生产管理人员未履行本法规定的安全生产管理职责的，责令限期改正，处1万元以上3万元以下的罚款；导致发生生产安全事故的，暂停或者吊销其与安全生产有关的资格，并处上一年年收入20%以上50%以下的罚款；构成犯罪的，依照《刑法》有关规定追究刑事责任。

124. 安全生产服务中介机构出具失实报告或虚假报告的，将承担什么法律责任？

根据《安全生产法》第92条的规定，承担安全评价、认证、检测、检验职责的机构出具失实报告的，将承担以下法律责任：（1）民事责任，给他人造成损害的，依法承担赔偿责任。（2）行政责任，即责令停业整顿，并处3万元以上10万元以下的罚款。

承担安全评价、认证、检测、检验职责的机构租借资质、挂靠、出具虚假报告的，将承担以下法律责任：（1）民事责任。给他人造成损害的，与生产经营单位承担连带赔偿责任。（2）行政责任。包括：没收违法所得；违法所得在10万元以上的，并处违法所得二倍以上五倍以下的罚款；没有违法所得或者违法所得不足10万元的，单处或者并处10万元以上20万元以下的罚款；对其直接负责的主管人员和其他直接责任人员处5万元以上10万元以下的罚款；对有前述违法行为的机构及其直接责任人员，吊销其相应资质和资格，五年内不得从事安全评价、认证、检测、检验等工作，情节严重的，实行终身行业和职业禁入。(3）刑事责任。构成犯罪的，依照《刑法》有关规定追究刑事责任。

125. 生产经营单位关闭、破坏直接关系生产安全的监控、报警灯设备、设施的，将承担什么法律责任?

《安全生产法》第99条规定，生产经营单位有下列行为之一的，责令限期改正，处5万元以下的罚款；逾期未改正的，处5万元以上20万元以下的罚款，对其直接负责的主管人员和其他直接责任人员处1万元以上2万元以下的罚款；情节严重的，责令停产停业整顿；构成犯罪的，依照《刑法》有关规定追究刑事责任：（1）未在有较大危险因素的生产经营场所和有关设施、设备上设置明显的安全警示标志的；(2）安全设备的安装、使用、检测、改造和报废不符合国家标准或者行业标准的；（3）未对安全设备进行经常性维护、保养和定期检测的；(4）关闭、破坏直接关系生产安全的监控、报警、防护、救生设备、设施，或者篡改、隐瞒、销毁其相关数据、信息的；(5）未为从业人员提供符合国家标准或者行业标准的劳动防护用品的；(6）危险物品的容器、运输工具，以及涉及人身安全、危险性较大的海洋石油开采特种设备和矿山井下特种设备未经具有专业资质的机构检测、检验合格，取得安全使用证或者安全标志，投入使用的；（7）使用应当淘汰的危及生产安全的工艺、设备的；（8）餐饮等行业的生产经营单位使用燃气未安装可燃气体报警装置的。

126. 生产经营单位在从事与危险物品有关的活动、对重大危险源的管理等方面违反《安全生产法》的，将承担什么法律责任？

《安全生产法》第101条规定，生产经营单位有下列行为之一的，责令限期改正，处10万元以下的罚款；逾期未改正的，责令停产停业整顿，并处10万元以上20万元以下的罚款，对其直接负责的主管人员和其他直接责任人员处2万元以上5万元以下的罚款；构成犯罪的，依照《刑法》有关危险物品肇事罪、重大劳动安全事故罪等的规定追究刑事责任：（1）生产、经营、运输、储存、使用危险物品或者处置废弃危险物品，未建立专门安全管理制度、未采取可靠的安全措施的；（2）对重大危险源未登记建档，未进行定期检测、评估、监控，未制定应急预案，或者未告知应急措施的；（3）进行爆破、吊装、动火、临时用电以及国务院应急管理部门会同国务院有关部门规定的其他危险作业，未安排专门人员进行现场安全管理的；（4）未建立安全风险分级管控制度或者未按照安全风险分级采取相应管控措施的；（5）未建立事故隐患排查治理制度，或者重大事故隐患排查情况未按照规定报告的。

127. 生产经营单位未采取措施消除事故隐患的，将承担什么法律责任？

《安全生产法》第 102 条规定，生产经营单位未采取措施消除事故隐患的，责令立即消除或者限期消除，处 5 万元以下的罚款；生产经营单位拒不执行的，责令停产停业整顿，对其直接负责的主管人员和其他直接责任人员处 5 万元以上 10 万元以下的罚款；构成犯罪的，依照《刑法》有关规定追究刑事责任。此外，根据该法第 112、113 条的规定，被责令改正并罚款，拒不改正的，可以按日连续处罚；拒不停产整顿的，应当提请地方人民政府予以关闭。

128. 矿山、金属冶炼建设项目的施工单位非法转让施工资质的，将承担什么法律责任？

《安全生产法》第 103 条规定了生产经营单位将生产经营项目、场所、设备发包或者出租给不具备安全生产条件或者相应资质的单位或者个人时，应当承担的责任。2021 年修正的《安全生产法》新增规定矿山、金属冶炼等行业的施工项目不得非法转让施工资质，不得违法分包转包，否则将承担相应的法律责任。

矿山、金属冶炼建设项目和用于生产、储存、装卸危险物品的建设项目的施工单位未按照规定对施工项目进行安全管理的，责令限期改正，处 10 万元以下的罚款，对其直接负责的主管人员和其他直接责任人员处 2 万元以下的罚款；逾期未改正的，责令停产停业整顿。以上施工单位倒卖、出租、出借、挂靠或者以其他形式非法转让施工资质的，责令停产停业整顿，吊销资质证书，没收违法所得；违法所得10万元以上的，并处违法所得二倍以上五倍以下的罚款，没有违法所得或者违法所得不足10万元的，单处或者并处10万元以上20万元以下的罚款；对其直接负责的主管人员和其他直接责任人员处5万元以上10万元以下的罚款；构成犯罪的，依照《刑法》有关规定追究刑事责任。

129. 生产经营单位员工宿舍的设置违反《安全生产法》的，将承担什么法律责任?

《安全生产法》第105条规定，生产经营单位有下列行为之一的，责令限期改正，处5万元以下的罚款，对其直接负责的主管人员和其他直接责任人员处1万元以下的罚款；逾期未改正的，责令停产停业整顿；构成犯罪的，依照《刑法》有关规定追究刑事责任：（1）生产、经营、储存、使用危险物品的车间、商店、仓库与员工宿舍在同一座建筑内，或者与员工宿舍的距离不符合安全要求的；（2）生产经营场所和员工宿舍未设有符合紧急疏散需要、标志明显、保持畅通的出口、疏散通道，或者占用、锁闭、封堵生产经营场所或者员工宿舍出口、疏散通道的。值得注意的是，根据我国《刑法》的有关规定，承担该条规定违法行为的刑事责任的不是生产经营单位，而是生产经营单位直接负责的主管人员和其他直接责任人员。

130. 生产经营单位与从业人员签订“生死合同”的，将承担什么法律责任?

所谓“生死合同”，是指生产经营单位与从业人员订立协议，免除或者减轻其对从业人员因生产安全事故伤亡依法应承担的责任协议。为了强化主要负责人和投资人的责任意识，以敦促其依法办事、杜绝此类事件的发生，《安全生产法》第106条规定，生产经营单位与从业人员订立协议，免除或者减轻其对从业人员因生产安全事故伤亡依法应承担的责任的，该协议无效；对生产经营单位的主要负责人、个人经营的投资人处2万元以上10万元以下的罚款。

根据上述规定，生产经营单位与从业人员签订此类“生死合同”的，承担法律责任的主体是生产经营单位的主要负责人、个人经营的投资人，而不是生产经营单位。与从业人员签订“生死合同”的对方当事人是生产经营单位，似应使生产经营单位以自己的名义承担法律责任。实践中，由于生产经营单位的经济实力较强，仅仅对单位进行行政处罚，效果并不明显。将单位的责任化为负责人或者投资人的责任，直接将单位的违法行为与个人的经济利益挂钩，可以建立有效的约束机制。

生产经营单位与从业人员签订协议，免除或者减轻对从业人员因生产安全事故伤亡依法应承担的责任的，其法律责任的形式是行政责任，即对生产经营单位的主要负责人、个人经营的投资人处以罚款。

131. 生产经营单位的从业人员不落实岗位安全责任，违章操作的，将承担什么法律责任？

《安全生产法》第107条规定，生产经营单位的从业人员不落实岗位安全责任，不服从管理，违反安全生产规章制度或者操作规程的，由生产经营单位给予批评教育，依照有关规章制度给予处分；构成犯罪的，依照《刑法》有关规定追究刑事责任。

根据上述规定，承担法律责任的主体是生产经营单位的从业人员，承担法律责任的违法行为是从业人员不服从管理，违反安全生产规章制度或者操作规程的行为。从业人员不服从管理，违反安全生产规章制度或者操作规程的，其责任形式有以下两种：

（1）由生产经营单位给予批评教育，依照有关规章制度给予处分。处分的形式包括：警告、记过、记大过、降低工资级别、留用察看、开除等。严格意义上，批评教育不属于法律责任，其目的是针对从业人员的违法行为，及时对其进行教育，使其认清自己行为的错误和可能造成的危害后果，以提高其安全生产意识，避免再次发生违法行为，造成不良后果。从这个意义上讲，批评教育的措施，更多的是强调生产经营单位应当尽到必要的教育义务。

（2）刑事责任。因从业人员不服管理、违反安全生产规章制度或者操作规程，构成犯罪的，应当依照《刑法》有关规定追究刑事责任。

132. 生产经营单位拒绝、阻碍依法实施监督检查，应承担什么法律责任？

《安全生产法》第 108 条规定，违反本法规定，生产经营单位拒绝、阻碍负有安全生产监督管理职责的部门依法实施监督检查的，责令改正；拒不改正的，处 2 万元以上 20 万元以下的罚款；对其直接负责的主管人员和其他直接责任人员处 1 万元以上 2 万元以下的罚款；构成犯罪的，依照《刑法》有关规定追究刑事责任。

此外，阻碍国家机关工作人员依法执行职务的，按照《治安管理处罚法》第 50 条的有关规定给予治安管理处罚，处警告或者 200 元以下罚款；情节严重的，处五日以上十日以下拘留，可以并处 500 元以下罚款。以暴力、威胁方法阻碍国家机关工作人员依法执行职务的，按照《刑法》第 277 条第 1 款的规定，构成妨害公务罪，处三年以下有期徒刑、拘役、管制或者罚金。

133. 高危行业、领域的生产经营单位未按照国家规定投保安全生产责任保险的，应承担什么法律责任？

2021 年修正的《安全生产法》新增高危行业领域强制安全生产责任保险的规定。该法第 109 条规定，高危行业、领域的生产经营单位未按照国家规定投保安全生产责任保险的，责令限期改正，处 5 万元以上 10 万元以下的罚款；逾期未改正的，处 10 万元以上 20 万元以下的罚款。该规定体现了国家严格执行对高危行业、领域的生产经营单位强制投保安全生产责任保险。

134. 生产经营单位违反《安全生产法》，拒不改正的，会有什么法律后果？

《安全生产法》第 112 条规定，生产经营单位违反本法规定，被责令改正且受到罚款处罚，拒不改正的，负有安全生产监督管理职责的部门可以自作出责令改正之日的次日起，按照原处罚数额按日连续处罚。

135. 哪些情形下，生产经营单位将被负有安全生产监督管理职责的部门提请政府关闭，并依法吊销有关证照？

《安全生产法》第 113 条规定，生产经营单位存在下列情形之一的，负有安全生产监督管理职责的部门应当提请地方人民政府予以关闭，有关部门应当依法吊销其有关证照。生产经营单位主要负责人五年内不得担任任何生产经营单位的主要负责人；情节严重的，终身不得担任本行业生产经营单位的主要负责人：（1）存在重大事故隐患，180 日内 3 次或者一年内 4 次受到本法规定的行政处罚的；（2）经停产停业整顿，仍不具备法律、行政法规和国家标准或者行业标准规定的安全生产条件的；（3）不具备法律、行政法规和国家标准或者行业标准规定的安全生产条件，导致发生重大、特别重大生产安全事故的；（4）拒不执行负有安全生产监督管理职责的部门作出的停产停业整顿决定的。

生产经营单位被关闭，意味着其法律主体资格已经完全消失，有关部门应当吊销其取得的各种证照，如生产许可证、经营许可证、各种资质证书、营业执照等。一方面这是对予以关闭的行政处罚的一种配合，使不具备安全生产条件的生产经营单位真正“彻底死亡”，另一方面也体现了有关证照的严肃性。

136. 发生生产安全事故，事故单位将被处以多少罚款？

《安全生产法》第 114 条规定，发生生产安全事故，对负有责任的生产经营单位除要求其依法承担相应的赔偿等责任外，由应急管理部门依照下列规定处以罚款：（1）发生一般事故的，处 30 万元以上 100 万元以下的罚款；（2）发生较大事故的，处 100 万元以上 200 万元以下的罚款；（3）发生重大事故的，处 200 万元以上 1000 万元以下的罚款；（4）发生特别重大事故的，处 1000 万元以上 2000 万元以下的罚款。

发生生产安全事故，情节特别严重、社会影响特别恶劣的，应急管理部门可以按照前述罚款数额的二倍以上五倍以下对负有责任的生产经营单位处以罚款。

137. 生产经营单位发生生产安全事故造成人员死亡、他人财产损失的，应当如何承担赔偿责任？

《安全生产法》第 116 条规定，生产经营单位发生生产安全事故造成人员伤亡、他人财产损失的，应当依法承担赔偿责任；拒不承担或者其负责人逃匿的，由人民法院依法强制执行。生产安全事故的责任人未依法承担赔偿责任，经人民法院依法采取执行措施后，仍不能对受害人给予足额赔偿的，应当继续履行赔偿义务；受害人发现责任人有其他财产的，可以随时请求人民法院执行。

此外，《民法典》第1166条规定，行为人造成他人民事权益损害，不论行为人有无过错，法律规定应当承担侵权责任的，依照其规定。第1236条规定，从事高度危险作业造成他人损害的，应当承担侵权责任。第1179条规定，侵害他人造成人身损害的，应当赔偿医疗费、护理费、交通费、营养费、住院伙食补助费等为治疗和康复支出的合理费用，以及因误工减少的收入。造成残疾的，还应当赔偿辅助器具费和残疾赔偿金；造成死亡的，还应当赔偿丧葬费和死亡赔偿金。

《安全生产法》第116条规定中的“人员伤亡”的“人员”，是指一切因生产安全事故而伤亡的人，既包括生产经营单位的从业人员，也包括在生产安全事故中伤亡的其他公民。而“他人财产损失”的“他人”，则是指生产经营单位以外的人，既包括自然人，也包括法人和非法人单位。

生产经营单位不履行赔偿责任时，受害人或者其法定代理人有权向有管辖权的人民法院提起民事诉讼，由人民法院依法予以裁决。生产经营单位拒不承担赔偿责任，或者生产经营单位的负责人逃匿的，由人民法院依法强制执行。

该条还规定，生产安全事故的责任人未依法承担赔偿责任，经人民法院依法采取执行措施后，生产安全事故的责任人仍然不能对受害人给予足额赔偿的，其赔偿责任并不能免除，而应当继续履行赔偿义务。受害人发现责任人有其他财产的，也可以随时请求人民法院执行。人民法院应当根据受害人的申请，及时予以强制执行。

这条规定和《民事诉讼法》第 254 条的规定是相衔接的。《民事诉讼法》第 254 条规定，人民法院采取强制执行措施后仍然不能完全偿还债务的，被执行人应当继续履行义务。债权人发现被执行人有其他财产的，可以随时请求人民法院执行。

138.《安全生产法》规定的行政处罚由哪些机关决定？

《安全生产法》第 115 条规定，本法规定的行政处罚，由应急管理部门和其他负有安全生产监督管理职责的部门按照职责分工决定；其中，根据本法第 95 条、第 110 条、第 114 条的规定应当给予民航、铁路、电力行业的生产经营单位及其主要负责人行政处罚的，也可以由主管的负有安全生产监督管理职责的部门进行处罚。予以关闭的行政处罚由负有安全生产监督管理职责的部门报请县级以上人民政府按照国务院规定的权限决定；给予拘留的行政处罚由公安机关依照治安管理处罚的规定决定。

明确《安全生产法》规定的行政处罚的决定机关，对于正确实施行政处罚，加强安全生产监督管理，具有重要意义。上述规定有三个层次的含义：

（1）《安全生产法》规定的行政处罚一般由应急管理部门和其他负有安全生产监督管理职责的部门按照职责分工决定。依据《安全生产法》第 10 条的规定，国务院应急管理部门依照本法，对全国安全生产工作实施综合监督管理；县级以上地方各级人民政府应急管理部门依照本法，对本行政区域内安全生产工作实施综合监督管理。决定有关的行政处罚，是应急管理部门和其他负有安全生产监督管理职责的部门的一项重要的监督管理职责。

（2）对民航、铁路、电力行业等特殊行业的生产经营单位及其主要负责人进行行政处罚的，可以由应急管理部门和其他负有安全生产监督管理职责的部门决定，还可以由主管这些行业的负有安全生产监督管理职责的部门进行处罚。

（3）予以关闭的行政处罚和给予拘留的行政处罚的决定机关有所不同：①予以关闭的行政处罚，是一种剥夺生产经营单位生产经营资格的行政处罚，也是一种对生产经营单位最严厉的处罚。予以关闭的行政处罚，不仅涉及生产经营单位的生死存亡，也涉及职工群众的切身利益和生产经营单位所在地的经济建设乃至社会稳定，影响重大。因此，决定此类行政处罚，必须十分慎重，需要综合考虑多种复杂因素。为了保证这种行政处罚的正确适用，《安全生产法》特意规定，予以关闭的行政处罚，由负有安全生产监督管理职责的部门报请县级以上人民政府按照国务院规定的权限决定。负责安全生产监督管理的部门不能决定予以关闭的行政处罚。②给予拘留的行政处罚，由公安机关依照治安管理处罚的规定决定。拘留是对公民的人身自由的限制，应当由一个机关统一决定，以防止滥用，侵害公民正当的人身自由。根据这种行政处罚的性质和特点，由公安机关决定拘留，是比较合适的。《行政处罚法》第18条也规定，限制人身自由的行政处罚权，只能由公安机关和法律规定的其他机关行使。公安机关在决定给予拘留的行政处罚时，应当根据《治安管理处罚法》规定的程序和拘留期限，作出相应的决定。

139. 违反《安全生产法》的行为可能构成何种犯罪？

根据《安全生产法》第 93 条第 2 款的规定，有未履行安全生产管理职责的违法行为，导致发生生产安全事故，构成犯罪的，依照《刑法》有关规定追究刑事责任。因此，违反《安全生产法》的，除了将承担法律规定的行政责任和民事责任，构成犯罪的，还将承担相应的刑事责任。《刑法》“危害公共安全罪”一章中规定了以下几种与安全生产有关的罪名：重大责任事故罪，强令、组织他人违章冒险作业罪，危险作业罪，重大劳动安全事故罪，大型群众性活动重大安全事故罪，危险物品肇事罪，工程重大事故罪，教育设施重大安全事故罪，消防责任事故罪，不报、谎报安全事故罪等。

140. 什么样的违法行为会构成《刑法》规定的重大责任事故罪？

《刑法》第 134 条第 1 款规定了重大责任事故罪：在生产、作业中违反有关安全管理的规定，因而发生重大伤亡事故或者造成其他严重后果的，处三年以下有期徒刑或者拘役；情节特别恶劣的，处三年以上七年以下有期徒刑。

141. 什么样的违法行为会构成《刑法》规定的强令、组织他人违章冒险作业罪？

《安全生产法》第 54 条第 2 款明确规定，生产经营单位不得因从业人员拒绝违章指挥、强令冒险作业而降低其工资、福利等待遇或者解除与其订立的劳动合同。《劳动合同法》第 88 条规定，用人单位有违章指挥或者强令冒险作业危及劳动者人身安全的行为的，依法给予行政处罚；构成犯罪的，依法追究刑事责任；给劳动者造成损害的，应当承担赔偿责任。《刑法》第134条第2款规定了强令、组织他人违章冒险作业罪，该罪名是《刑法修正案（十一）》修正的罪名，该条规定，强令他人违章冒险作业，或者明知存在重大事故隐患而不排除，仍冒险组织作业，因而发生重大伤亡事故或者造成其他严重后果的，处五年以下有期徒刑或者拘役；情节特别恶劣的，处五年以上有期徒刑。

142. 什么样的违法行为会构成《刑法》规定的危险作业罪？

《刑法》第134条之一规定了危险作业罪，该罪名是《刑法修正案（十一）》新增的罪名，该条规定，在生产、作业中违反有关安全管理的规定，有下列情形之一，具有发生重大伤亡事故或者其他严重后果的现实危险的，处一年以下有期徒刑、拘役或者管制：（1）关闭、破坏直接关系生产安全的监控、报警、防护、救生设备、设施，或者篡改、隐瞒、销毁其相关数据、信息的；（2）因存在重大事故隐患被依法责令停产停业、停止施工、停止使用有关设备、设施、场所或者立即采取排除危险的整改措施，而拒不执行的；（3）涉及安全生产的事项未经依法批准或者许可，擅自从事矿山开采、金属冶炼、建筑施工，以及危险物品生产、经营、储存等高度危险的生产作业活动的。

143. 什么样的违法行为会构成《刑法》规定的重大劳动安全事故罪？

《刑法》第135条规定了重大劳动安全事故罪：安全生产设施

或者安全生产条件不符合国家规定，因而发生重大伤亡事故或者造成其他严重后果的，对直接负责的主管人员和其他直接责任人员，处三年以下有期徒刑或者拘役；情节特别恶劣的，处三年以上七年以下有期徒刑。

144. 什么样的违法行为会构成《刑法》规定的危险物品肇事罪？

《刑法》第136条规定了危险物品肇事罪：违反爆炸性、易燃性、放射性、毒害性、腐蚀性物品的管理规定，在生产、储存、运输、使用中发生重大事故，造成严重后果的，处三年以下有期徒刑或者拘役；后果特别严重的，处三年以上七年以下有期徒刑。

145. 什么样的违法行为会构成《刑法》规定的工程重大安全事故罪？

《刑法》第137条规定了工程重大安全事故罪：建设单位、设计单位、施工单位、工程监理单位违反国家规定，降低工程质量标准，造成重大安全事故的，对直接责任人员，处五年以下有期徒刑或者拘役，并处罚金；后果特别严重的，处五年以上十年以下有期徒刑，并处罚金。

146. 什么样的违法行为会构成《刑法》规定的消防责任事故罪？

《刑法》第139条规定了消防责任事故罪：违反消防管理法规，经消防监督机构通知采取改正措施而拒绝执行，造成严重后果的，对直接责任人员，处三年以下有期徒刑或者拘役；后果特别严重的，处三年以上七年以下有期徒刑。

147. 违反危险化学品安全管理规定运输危险化学品的，构成犯罪吗？

根据《刑法》第133条之一的规定，在道路上驾驶机动车，违反危险化学品安全管理规定运输危险化学品，危及公共安全的，构成危险驾驶罪，处拘役，并处罚金。机动车所有人、管理人对上述行为负有直接责任的，依照该条款的规定按照危险驾驶罪定罪处罚。若上述行为还同时构成其他犯罪，则依照处罚较重的规定定罪处罚。

下篇

案例释法

1. 劳动者在上班时间上厕所时伤亡，应当认定为工伤吗？

基本案情

何某系成都某印制电路板厂工人，某日上班期间，何某被发现摔倒在车间旁的厕所内不省人事，经送往医院急救无效死亡。死亡原因为重型颅脑损伤，呼吸循环衰竭。厂方未及时足额支付治疗费及其他相关费用，也未提起伤亡性质认定，后来，何某父亲向成都市A区人力资源和社会保障局申请对何某伤亡性质进行认定，A区人力资源和社会保障局认为何某在厂区内、上班时间在厕所里摔伤致死，是一次意外事故，认定何某不是工伤。

何某父亲不服A区人力资源和社会保障局的工伤认定决定，提起诉讼称，死者明显是被厕所内的积水滑倒而致颅脑损伤，且应与工作有关，A区人力资源和社会保障局认定何某不是工伤所依据的事实不清，且在认定工伤时对于有关法规和规章的理解有误，请求撤销被告对何某作出的伤亡性质认定。

被告辩称，何某是上班铃声响后未进车间而先到厕所小便，在厕所里不慎摔伤，经送往医院抢救无效后死亡。故认定何某上厕所与从事的本职工作无关，不属于工伤。

法律分析

何某作为某印制电路板厂的职工已与该厂建立了事实上的劳动关系，原告是何某之父，在认为被告的具体行政行为侵犯其子依法获得工伤保险赔偿待遇的合法权益时，有权提起行政诉讼。被告成都市A区人力资源和社会保障局是主管人力资源与社会保障的行政机关，具有对辖区内的职工伤亡性质认定的行政职权。本案中原、被告双方争议的主要焦点是，A区人力资源和社会保障局认定何某在“上厕所”时摔伤致死与其本职工作无关有无法律依据。

《劳动法》第3条规定，劳动者享有“获得劳动安全卫生保护的权利”，“上厕所”是人的自然生理现象，任何用工单位或个人都应当为劳动者提供必要的劳动卫生条件，维护劳动者的基本权利。“上厕所”虽然是个人的生理现象，与劳动者的工作内容无关，但这是人的必要的、合理的生理需要，与劳动者的正常工作密不可分，被告片面地认为“上厕所”是个人生理需要的私事，与劳动者的本职工作无关，故作出认定何某不是工伤的具体行政行为，与劳动法保护劳动者合法权利的基本原则相悖，也有悖于社会常理。《工伤保险条例》第16条规定：“……有下列情形之一的，不得认定为工伤或者视同工伤：（一）故意犯罪的；（二）醉酒或者吸毒的；（三）自残或者自杀的。”其中列举的不应当认定为工伤的情形均是职工因自己的过错致伤、致残、死亡的，由于本案中没有证据证明何某受伤是因自己的过错所致，因而不属于不应认定为工伤的情形。因此，A区人力资源和社会保障局根据何某父亲的申请对何某受伤死亡作出不予认定为因工负伤的行政行为没有法律、法规依据。关于原、被告对何某是否是因用工单位的厕所存在不安全因素摔伤致死的争议，因对本案不产生实际影响，故对此不作认定。

综上，被告A区人力资源和社会保障局在《工伤认定决定书》中对何某的伤亡性质认定为不是因工负伤不符合法律规定，所适用法规、规章不当，应予撤销。因A区人力资源和社会保障局为主管人力资源与社会保障的行政机关，负有对其所辖区域内职工伤亡性质予以认定的行政管理职权，故被诉行政行为被撤销以后，应当根据当事人的申请，依法行使职权重新作出行政行为。原告何某父亲的诉讼请求，符合《行政诉讼法》的规定，应予以支持。

2. 发包给不具备用工主体资格的组织或个人，由谁承担用工主体责任？

基本案情

上海乙有限公司将某项工程发包给南通甲公司，甲公司又以合同形式将油漆工程分包给李某个人，约定李某所雇人员应当接受甲公司管理。后来，李某又将部分油漆工程转包给王某，王某招聘了张某进行油漆施工。李某和王某均无用工主体资格，也无承揽油漆工程的相应资质。

某日，张某在进行油漆施工中不慎受伤。劳动仲裁委员会裁决确定张某与甲公司之间存在劳动关系，但该裁决书未送达甲公司。随后，张某提出工伤认定申请，并提交了劳动仲裁裁决书。上海市某区人力资源和社会保障局立案审查后，认为张某受伤符合工伤认定条件，且甲公司经告知后，没有就张某所受伤害是否应被认定为工伤进行举证，遂认定张某受伤为工伤。甲公司不服，经复议未果，起诉请求撤销该工伤认定。

法律分析

根据《劳动和社会保障部关于确立劳动关系有关事项的通知》第4条规定，建筑施工、矿山企业等用人单位将工程（业务）或经营权发包给不具备用工主体资格的组织或自然人，对该组织或自然人招用的劳动者，由具备用工主体资格的发包方承担用工主体责任。

本案中，甲公司作为建筑施工单位，将油漆工程发包给无用工主体资格的个人李某，约定其所雇佣的人员应服从甲公司管理。后李某又将部分油漆工程再发包给王某，并由王某招用张某进行油漆施工。上海市某区人力资源和社会保障局依据上述规定及事实认定，张某与甲公司之间存在劳动关系的理由成立。根据《工伤保险条例》规定，张某在甲公司承建的厂房建设项目中进行油漆施工不慎受到事故伤害，属于工伤认定范围。

3. 劳动合同中的“工伤概不负责”条款有效吗？

基本案情

天津市A区生产服务管理局建筑工程公司将其第七施工队承包的天津某厂除钙塔厂房拆除工程转包给个体工商户业主张某组织领导的工人新村青年合作服务站，并签订了承包合同。某日，由服务站经营活动全权代理人、张某之夫徐某组织、指挥施工，并亲自带领雇佣的临时工李某等人，拆除混凝土大梁。在拆除第一至第四根大梁时，起吊后梁身出现裂缝；起吊第五根时，梁身中间折裂（塌腰)。但是这并未引起徐某的重视。当拆除第六根时，梁身从中折断，站在大梁上的徐某和李某（均未系安全带）滑落坠地，李某受伤，急送天津某厂医院检查，左下踝关节内侧血肿压痛，活动障碍，湿片未见骨折。经医院治疗后，开具证明：左踝关节挫伤，休息两天。随后，李某住进港口医院。半个月后因治疗无效死亡。经天津市法医鉴定，结论是：李某系左内踝外伤后，引起局部组织感染、坏死，致脓毒败血症死亡。后又经 A 区医疗事故鉴定委员会鉴定认为：李某系外伤所致脓毒败血病，感染性休克，多脏器衰竭死亡，医院治疗无误。李某的死亡与其他因素无关。

李某工伤后，服务站及时将其送往医院检查、治疗、死后出资给予殡葬。除此以外，李某父亲为给李某治病借支医疗费用、误工工资等费用共损失 36000 元。

李某死亡后，由谁承担因此而造成的经济损失，双方共同要求 A 区人力资源和社会保障局予以裁决。人力资源和社会保障局经过调查，提出如下处理意见，一是李某住院期间的医疗费用，由服务站负担；服务站一次性付给李某家属抚恤金 20 万元，不再承担其他义务或责任。李某父亲、李某女儿接受上述意见，但张某拒绝。随后，李某父亲、李某女儿向 A 区人民法院提起诉讼，请求被告张某赔偿全部经济损失，并解决原告李某女儿的住房问题。

被告辩称：李某入站签写招工登记表时，同意“工伤概不负责”的说明，并且李某死因不明，据此，无法满足原告的要求，只能根据实际情况，给予李某家属一定的生活补助；关于解决李某女儿住房问题，服务站无此义务。

法律分析

被告张某的经营活动全权代理人徐某在组织、指挥施工中，不仅不按操作规程办事，带领工人违章作业，而且在发现事故隐患后，不采取预防措施，具有知道或者应当知道可能发生事故而忽视或者轻信能够避免发生事故的心理特征。因此，这起事故，是过失责任事故。经鉴定，李某是工伤后引起的死亡，与其他因素无关。《宪法》明文规定，对劳动者加强劳动保护。这是劳动者所享有的权利，受国家法律保护，任何个人和组织都不得任意侵犯。被告张某为雇主，对雇员理应依法给予劳动保护，却在招工登记表中注明：“工伤概不负责”。这是违反《宪法》和有关劳动法规的，也严重违背了公序良俗，属无效民事法律行为。依照《民法典》第1165条的规定，被告由于过错侵害了李某的人身安全，应当承担侵权责任。依照《民法典》第1179条的规定，被告应承担赔偿医疗费、护理费、交通费、营养费、住院伙食补助费等为治疗和康复支出的合理费用，以及因误工减少的收入。由于造成了李某死亡，还应当赔偿丧葬费和死亡赔偿金。

4. 因第三人侵权造成劳动者人身损害构成工伤的，劳动者获得工伤保险赔偿后，还有权向第三人请求人身侵权赔偿吗？

基本案情

杨某系上海A建设公司职工。某日，B冶金公司职工在工作过程中违规作业，从高处抛掷钢管，将正在现场从事工作的杨某头部砸伤，导致其重度颅脑外伤、外伤性尿崩症等。经鉴定，结论为因工致残，程度四级。根据病情，杨某须长期服用德巴金、弥凝片。根据司法部司法鉴定结论，杨某需要护理12个月、营养8个月。虽然杨某所在单位A建设公司按规定承担了一定费用，但杨某的损害系由B冶金公司的侵权行为所致，B冶金公司应承担赔偿责任。故杨某向上海市某区法院起诉，要求B冶金公司赔偿护理费人民币（以下币种均为人民币）9600元（每月800元×12个月）、营养费4800元（每月600元×8个月）、长期服用德巴金及弥凝片所需费用583087.5元，被抚养人（杨某之子，未成年）生活费52200元、被赡养人（杨某母亲）生活费48000元、精神抚慰金5万元、律师代理费3000元、因伤残造成的收入损失405600元（按受伤前平均工资2600元减现工资1300元计算26年）。

B冶金公司辩称：原告杨某的起诉已超过诉讼时效，原告丧失胜诉权；原告系因工受伤，其损失已得到本单位赔偿，现重复要求被告赔偿缺乏依据；原告享受工伤待遇，每月领取工资，要求被告支付其被抚养人、被赡养人的生活费缺乏依据；原告要求被告支付精神抚慰金、律师费均缺乏依据。

法律分析

本案的争议焦点是：因用人单位以外的第三人侵权造成劳动者人身损害，构成工伤的，劳动者在获得用人单位工伤保险赔偿后，又向侵权人提起人身损害赔偿诉讼，请求判令侵权人承担民事赔偿责任的，是否应当予以支持。

《工伤保险条例》第14条规定："职工有下列情形之一的，应当认定为工伤：(一)在工作时间和工作场所内，因工作原因受到事故伤害的；(二)工作时间前后在工作场所内，从事与工作有关的预备性或者收尾性工作受到事故伤害的；(三)在工作时间和工作场所内，因履行工作职责受到暴力等意外伤害的；(四)患职业病的；(五)因工外出期间，由于工作原因受到伤害或者发生事故下落不明的；(六)在上下班途中，受到非本人主要责任的交通事故或者城市轨道交通、客运轮渡、火车事故伤害的；(七)法律、行政法规规定应当认定为工伤的其他情形。"该规定明确了应当认定为工伤的法定情形，只要符合上述法定情形，职工所受伤害无论是否由第三人侵权引起，都应当认定为工伤。换言之，是否存在第三人侵权不影响工伤的认定。

《民法典》第110条规定，自然人享有生命权、身体权、健康权。第1179条规定，侵害他人造成人身损害的，应当赔偿医疗费、护理费、交通费、营养费、住院伙食补助费等为治疗和康复支出的合理费用，以及因误工减少的收入。造成残疾的，还应当赔偿辅助器具费和残疾赔偿金；造成死亡的，还应当赔偿丧葬费和死亡赔偿金。因此，第三人侵权造成他人身体伤害的应当承担赔偿责任，被侵害人依法享有获得赔偿的权利。

《最高人民法院关于审理人身损害赔偿案件适用法律若干问题的解释》第3条规定："依法应当参加工伤保险统筹的用人单位的劳动者，因工伤事故遭受人身损害，劳动者或者其近亲属向人民法院起诉请求用人单位承担民事赔偿责任的，告知其按《工伤保险条例》的规定处理。因用人单位以外的第三人侵权造成劳动者人身损害，赔偿权利人请求第三人承担民事赔偿责任的，人民法院应予支持。"根据该规定，劳动者因工伤事故受到人身损害，有权向用人单位主张工伤保险赔偿，如果所受人身损害系因用人单位以外的第三人侵权所致，劳动者同时还有权向第三人主张人身损害赔偿。

因用人单位以外的第三人侵权造成劳动者人身损害，构成工伤的，劳动者因工伤事故享有工伤保险赔偿请求权，因第三人侵权享有人身损害赔偿请求权。二者虽然基于同一损害事实，但存在于两个不同的法律关系之中，互不排斥。首先，基于工伤事故的发生，劳动者与用人单位之间形成工伤保险赔偿关系。国家设置工伤保险制度，目的是保障因工作遭受事故伤害或者患职业病的职工获得医疗救治和经济补偿。根据《工伤保险条例》的规定，用人单位应当为本单位全体职工缴纳工伤保险费，因工伤事故受到人身损害的职工有权获得工伤保险赔偿，享受工伤待遇。因此，只要客观上存在工伤事故，就会在受伤职工和用人单位之间产生工伤保险赔偿关系，确认该法律关系成立与否，无须考察工伤事故发生的原因，即使工伤事故系因用人单位以外的第三人侵权所致，或者是由于受伤职工本人的过失所致，都不影响受伤职工向用人单位主张工伤保险赔偿。其次，基于侵权事实的存在，受伤职工作为被侵权人，与侵权人之间形成侵权之债的法律关系，有权向侵权人主张人身损害赔偿。侵权之债成立与否，与被侵权人是否获得工伤保险赔偿无关，即使用人单位已经给予受伤职工工伤保险赔偿，也不能免除侵权人的赔偿责任。

综上，因用人单位以外的第三人侵权造成劳动者人身损害，构成工伤的，劳动者具有双重主体身份：工伤事故中的受伤职工和人身侵权的受害人。基于双重主体身份，劳动者有权向用人单位主张工伤保险赔偿，同时还有权向侵权人主张人身损害赔偿，即有权获得双重赔偿。在这种情形下，用人单位和侵权人应当依法承担各自所负的赔偿责任，不因受伤职工（受害人）先行获得一方赔偿、实际损失已得到全部或部分补偿而免除或减轻另一方的责任。

本案中，工伤事故发生后，原告杨某多次向被告 B 公司主张权利，杨某起诉时并未超出法律规定的诉讼时效，故 B 公司上诉称本案起诉已超出诉讼时效并无事实依据，不予采信。结合本案的实际情况，虽然杨某获得了其所在单位 A 建设公司的工伤保险赔偿，但并不因此而减免被告 B 冶金公司的侵权损害赔偿责任。B 冶金公司作为本案事故的侵权行为人必须依法承担相应的侵权赔偿责任。B

冶金公司主张杨某已获得工伤保险赔偿，无权再向其要求侵权赔偿，没有法律依据，不予支持。杨某作为工伤事故中的受伤职工和侵权行为的受害人，有权获得双重赔偿，B冶金公司的侵权赔偿责任并未因此而有所加重。

根据司法部作出的司法鉴定结论，原告伤后需要护理12个月、营养8个月，故其要求赔偿护理费9600元、营养费4800元的诉讼请求，应当予以支持。

根据瑞金医院的诊断治疗意见，原告需长期服用德巴金和弥凝片，B冶金公司应当支付相关费用。但瑞金医院上述意见，仅说明杨某须长期服药，并未明确服药期限，杨某亦没有提供充足的证据说明要求被告一次性付清药物费用的原因，故对其要求被告一次性付清药物费用的诉讼请求，不予支持。杨某之子系未成年人，需要杨某抚养，杨某要求被告支付被抚养人生活费52200元在规定范围内，予以支持。杨某母亲系肢体残疾人，亦需要杨某赡养，杨某要求被告支付其母生活费48000元合情合理，予以支持。《最高人民法院关于确定民事侵权精神损害赔偿责任若干问题的解释》第1条规定："因人身权益或者具有人身意义的特定物受到侵害，自然人或者其近亲属向人民法院提起诉讼请求精神损害赔偿的，人民法院应当依法予以受理。"杨某因被告侵权行为受到人身损害，要求被告赔偿精神损害抚慰金，符合上述司法解释的规定，应予支持，但原告请求赔偿5万元数额过高，故酌定为2万元。杨某要求B冶金公司赔偿其因伤残导致的收入损失405600元，可予支持。

5. 单位主要负责人违反安全管理规定，发生重大伤亡事故，构成重大责任事故罪吗？

基本案情

甲煤矿因未建立地面永久瓦斯抽放系统、安全生产许可证已过期且被暂扣，某年1月13日至9月18日，黑龙江省某煤矿监察局7次责令甲煤矿停产整改，但甲煤矿拒不执行。甲煤矿三水平113工作面探煤巷施工中未按作业规程打超前钻探，违章作业。同年9月10日至10月18日，甲煤矿隐患排查会及矿务会三次将三水平113工作面未打超前钻探措施列为重大安全隐患，均确定负责“一通三防”工作的谢某（副矿长）为整改责任人，但谢某未予整改，岳某（矿长）没有督促落实，负责全矿技术管理工作的总工程师董某和负责安全监督检查工作的监察处长刘某亦未要求隐患单位整改落实。二开拓区区长、副区长张某、王某继续在三水平113工作面违章施工作业。

同年11月21日2时，三水平113工作面作业中发生煤与瓦斯突出事故，岳某、谢某现场指挥中未下令切断二水平电源，致使三水平113工作面突出的瓦斯进入二水平工作面，遇电火花后发生爆炸，造成108人死亡、133人受伤（其中重伤6人），直接经济损失5614.65万元。

法律分析

法院判决认为，岳某、谢某在生产中违反安全管理规定，发生重大伤亡事故，均已构成重大责任事故罪。岳某作为矿长，多次拒不执行煤矿监察部门停产整改指令，组织违法生产，对违章作业监管不力，在发生煤与瓦斯突出事故后，现场指挥中未下令切断瓦斯突出波及的二水平区域电源，造成特别重大事故，后果特别严重，应依法从重处罚。谢某作为主管“一通三防”副矿长，拒不执行煤矿监察部门停产整改指令而违法生产，在违法生产中，多次不履行打超前钻探、排除安全隐患职责，发生煤与瓦斯突出事故后，现场指挥中未下令切断瓦斯突出波及的二水平区域电源，造成特别重大事故，后果特别严重，应从重处罚。因此，依法以重大责任事故罪分别判处岳某有期徒刑七年，谢某有期徒刑七年。

6. 直接负责的主管人员对生产安全事故隐瞒不报，构成不报安全事故罪吗？

基本案情

河北省A县甲煤矿开采有限责任公司股东、甲煤矿新立井投资人李某未取得采矿许可证，在A县B井田建成甲煤矿新立井擅自采矿。后，苏某担任新立井经营矿长；邓某在其兄承包新立井采煤期间担任包工队经理，负责采煤和安全管理工作。李某、苏某、邓某明知新立井是独眼井，安全生产设施、安全生产条件均不符合国家规定，仍从事生产作业。某日9时30分，该井井下存放的炸药在潮湿环境下热分解，形成自燃，燃烧产生大量一氧化碳、氮氧化合物等有毒有害物质，造成34人死亡、1人失踪，直接经济损失1924.38万元。

上述安全责任事故发生后，李某、苏某、邓某未向有关部门上报，自行组织人员盲目施救，造成次生矿难事故。为隐瞒事故，又安排将其中28具死亡人员的尸体转移到河北省C县殡仪馆火化，并封闭事故井口，拆毁、转移井架等设备，破坏井下及地面事故现场，销毁新立井账本和技术资料等。

法律分析

根据《安全生产法》第111条的规定，有关地方人民政府、负有安全生产监督管理职责的部门，对生产安全事故隐瞒不报、谎报或者迟报的，对直接负责的主管人员和其他直接责任人员依法给予处分；构成犯罪的，依照《刑法》有关规定追究刑事责任。《刑法》第139条之一规定，在安全事故发生后，负有报告职责的人员不报或者谎报事故情况，贻误事故抢救，情节严重的，处三年以下有期徒刑或者拘役；情节特别严重的，处三年以上七年以下有期徒刑。本案中，李某、苏某、邓某在安全事故发生后，分工负责，相互配合，隐瞒事故真相，贻误事故抢救，情节特别严重，构成不报安全事故罪。

7. 如何追究生产安全事故责任人员的法律责任？

基本案情

2015年8月12日，位于天津市滨海新区天津港的瑞海公司危险品仓库发生火灾爆炸事故，造成165人遇难（其中参与救援处置的公安现役消防人员24人、天津港消防人员75人、公安民警11人，事故企业、周边企业员工和居民55人）、8人失踪（其中天津消防人员5人，周边企业员工、天津港消防人员家属3人），798人受伤（伤情重及较重的伤员58人、轻伤员740人），304幢建筑物、12428辆商品汽车、7533个集装箱受损。截至2015年12月10日，依据《企业职工伤亡事故经济损失统计标准》等标准和规定统计，已核定的直接经济损失68.66亿元。经国务院调查组认定，天津港“8·12”瑞海公司危险品仓库火灾爆炸事故是一起特别重大生产安全责任事故。

法律分析

调查组查明，事故的直接原因是：瑞海公司危险品仓库运抵区南侧集装箱内硝化棉由于湿润剂散失出现局部干燥，在高温（天气）等因素的作用下加速分解放热，积热自燃，引起相邻集装箱内的硝化棉和其他危险化学品长时间大面积燃烧，导致堆放于运抵区的硝酸铵等危险化学品发生爆炸。

调查组认定，瑞海公司严重违反有关法律法规，是造成事故发生的主体责任单位。该公司无视安全生产主体责任，严重违反天津市城市总体规划和滨海新区控制性详细规划，违法建设危险货物堆场，违法经营、违规储存危险货物，安全管理极其混乱，安全隐患长期存在。

调查组同时认定，有关地方党委、政府和部门存在有法不依、执法不严、监管不力、履职不到位等问题。天津交通、港口、海关、安监、规划和国土、市场和质检、海事、公安以及滨海新区环保、行政审批等部门单位，未认真贯彻落实有关法律法规，未认真履行职责，违法违规进行行政许可和项目审查，日常监管严重缺失；有些负责人和工作人员贪赃枉法、滥用职权。天津市委、市政府和滨海新区区委、区政府未全面贯彻落实有关法律法规，对有关部门、单位违反城市规划行为和在安全生产管理方面存在的问题失察失管。交通运输部作为港口危险货物监管主管部门，未依照法定职责对港口危险货物安全管理督促检查，对天津交通运输系统工作指导不到位。海关总署督促指导天津海关工作不到位。有关中介及技术服务机构弄虚作假，违法违规进行安全审查、评价和验收等。

公安机关对24名相关企业人员依法立案侦查并采取刑事强制措施（其中瑞海公司13人，中介和技术服务机构11人）。检察机关对25名行政监察对象依法立案侦查并采取刑事强制措施（其中正厅级2人，副厅级7人，处级16人；包括交通运输部门9人，海关系统5人，天津港（集团）有限公司5人，安全监管部门4人，规划部门 2 人）。

事故调查组对 123 名责任人员提出了处理意见。建议对 74 名责任人员给予党纪政纪处分，其中省部级 5 人，厅局级 22 人，县处级 22 人，科级及以下 25 人；对其他 48 名责任人员，建议由天津市纪委及相关部门予以诫勉谈话或批评教育；1 名责任人员在调查处理期间病故，不再给予处分。

调查组建议依法吊销瑞海公司有关证照并处罚款，企业相关主要负责人终身不得担任本行业生产经营单位的负责人；对天津中滨海盛卫生安全评价监测有限公司（以下简称中滨安评公司）、天津市化工设计院等中介和技术服务机构给予没收违法所得、罚款、撤销资质等行政处罚。同时，对天津市委、市政府进行通报批评并责成天津市委、市政府向党中央、国务院作出深刻检查；责成交通运输部向国务院作出深刻检查。

2016 年 11 月 7 日至 9 日，天津港“8・12”特大火灾爆炸事故所涉 27 件刑事案件一审分别由天津市第二中级人民法院和 9 家基层法院公开开庭进行了审理，并于 9 日对上述案件涉及的被告单位及 24 名直接责任人员和 25 名相关职务犯罪被告人进行了公开宣判。

法院经审理查明，该起火灾爆炸事故属于特别重大责任事故。瑞海公司严重违反有关法律规定，是造成事故发生的主体责任单位。该公司无视安全生产主体责任，严重违反天津市城市总体规划和滨海新区控制性详细规划，违法建设危险货物堆场，违法经营、违规储存危险货物，安全管理极其混乱，安全隐患长期存在。同时，中滨安评公司作为中介及技术服务机构弄虚作假、违法违规进行安全审查、评价和验收，提供虚假证明文件，使得瑞海公司取得危险品经营资质，并在继续经营过程中造成“8·12”特大火灾爆炸事故的重大人员、财产损失。

天津交通、港口、海关、安监、规划、海事等单位的相关工作部门及具体工作人员，未认真贯彻落实有关法律法规，违法违规进行行政许可和项目审查，日常监管严重缺失；相关部门负责人和工作人员存在玩忽职守、滥用职权等失职渎职和受贿问题，最终导致了“8·12”特大火灾爆炸事故重大人员及财产损失。被告人瑞海公司董事长于学伟归案后主动供述其为瑞海公司违规办理港口危化品经营资质，多次向时任天津市交通运输和港口管理局副局长李某刚、港口管理处处长冯某请托，送给李某刚、冯某财物共计15.75万元。

根据各被告人犯罪的事实、性质、情节和造成的社会危害后果以及在共同犯罪中的地位、作用，法院依法作出一审判决。瑞海公司董事长于学伟构成非法储存危险物质罪、非法经营罪、危险物品肇事罪、行贿罪，予以数罪并罚，依法判处死刑缓期二年执行，并处罚金人民币70万元；瑞海公司副董事长董某轩、总经理只某等5人构成非法储存危险物质罪、非法经营罪、危险物品肇事罪，分别被判处无期徒刑到十五年有期徒刑不等的刑罚；瑞海公司其他7名直接责任人员分别被判处十年到三年有期徒刑不等的刑罚。中滨安评公司犯提供虚假证明文件罪，依法判处罚金25万元；中滨安评公司董事长、总经理赵某扬等11名直接责任人员分别被判处四年到一年六个月不等的有期徒刑。天津市交通运输委员会主任武某等25名国家机关工作人员分别被以玩忽职守罪或滥用职权罪判处三年到七年不等的有期徒刑，其中李某刚等8人同时犯受贿罪，予以数罪并罚。

违反安全生产管理的相关法律法规，造成生产安全事故，导致人身、财产重大损失，当然要依法承担相应的法律责任，因此《安全生产法》第16条明确规定，对生产安全事故实行责任追究制度，依法追究生产安全事故责任单位和责任人员的法律责任。生产安全事故导致的法律责任包括行政责任、民事责任和刑事责任。这其中的行政责任既包括针对国家工作人员以及由国家机关派到企业事业单位任职人员的行政违法行为的行政处分，又包括针对一般公民、法人和其他组织的违反行政法律、法规和规章行为的行政处罚。当事故责任主体违反安全生产法律规定的义务造成民事损害时，就应当承担民事责任。当事故责任主体违反安全生产法律的有关规定发生重大伤亡事故或者造成其他严重后果构成犯罪的，应依法追究刑事责任。

8. 从业人员工作时必须穿戴劳动保护用品吗？

基本案情

浙江甲建设有限公司授权江某参加浙江乙氟化学有限公司年度零星土建施工招投标。后，浙江甲建设有限公司中标并与浙江乙氟化学有限公司签订《零星土建施工合同》。施工方式是浙江乙氟化学有限公司下达任务单，浙江甲建设有限公司承接并施工。浙江甲建设有限公司以内部承包的方式将其承建的浙江乙氟化学有限公司零星土建施工包给江某，双方签订了安全生产责任书和施工内部承包责任书，项目实际负责人为江某。某日，浙江乙氟化学有限公司下达零星土建施工任务单，工程名称为凯圣包装成品库钢结构扩建工程。浙江甲建设有限公司江某签字确认并组织施工，开始对凯圣包装成品库钢结构扩建工程的钢结构进行安装。某日13时许，浙江甲建设有限公司施工员李某某在未扣上安全带保险扣和未正确佩戴安全帽情况下移位铺设彩钢瓦时，从高处坠落，头部触地身亡。事故发生后，江某及时向浙江甲建设有限公司副总何某某报告。

法律分析

经调查，浙江甲建设有限公司安全生产台账中没有检查、隐患排查等安全管理活动的记录；未对所承担的建设工程进行定期和专项安全检查；在工程中聘用的项目负责人江某，无相应执业资格；未按规定落实安全生产规章制度和安全操作规程，对员工进行安全培训教育、安全交底不到位。浙江甲建设有限公司承建浙江乙氟化学有限公司零星土建工程，在工程施工过程中未尽安全管理义务，即未落实安全生产责任主体和安全生产规章制度、操作规程，未按规定对扩建工程实施监督，未对员工进行安全培训教育等，违反了《安全生产法》的规定，致使员工未能正确佩戴、使用劳动防护用品，冒险登高作业，造成死亡一人的严重后果。

安全生产教育和培训是安全生产管理工作的一个重要组成部分，是实现安全生产的一项重要基础性工作。生产经营单位应当按照本单位安全生产教育和培训计划的总体要求，结合各个工作岗位的特点，科学、合理地安排教育和培训工作。要采取多种形式开展教育培训，包括组织专门的安全教育培训班、作业现场模拟操作培训、召开事故现场分析会等，确保取得实效。通过安全生产教育和培训，生产经营单位要保证从业人员具备从事本职工作所应当具备的安全生产知识，熟悉有关的安全生产规章制度和安全操作规程，掌握本岗位的安全操作技能，了解事故应急处理措施，知悉自身在安全生产方面的权利和义务。对于没有经过安全生产教育和培训，包括培训不合格的从业人员，生产经营单位不得安排其上岗作业。

此外，劳动防护用品是保护职工安全所采取的必不可少的辅助措施。劳动防护用品主要是指劳动者在生产过程中为免遭或者减轻事故伤害和职业危害所配备的防护装备，在某种意义上说，它是劳动者防止职业伤害的最后一项措施。生产经营单位必须把劳动防护用品发放到从业人员手中，不得以货币或其他物品替代应当配备的劳动防护用品。实践中，生产经营单位依法向从业人员提供了劳动防护用品，但从业人员由于缺乏相关操作知识、安全意识不强、图省事等原因，不按照规定佩戴或使用相关的劳动防护用品，这将造成很大的事故隐患，因此《安全生产法》第 45 条规定生产经营单位必须为从业人员提供符合国家标准或者行业标准的劳动防护用品，并应当使劳动者掌握劳动防护用品的使用规则，在实践中监督、教育劳动者按照使用规则佩戴、使用劳动防护用品，使其真正发挥作用。

9. 因生产安全事故受到损害的从业人员有权向本单位提出赔偿要求吗？

基本案情

杨某某系宝冶公司职工，某日，宝冶公司其他职工在工作过程中违规作业，从高处抛掷钢管，将正在现场从事工作的杨某某头部砸伤，致其重度颅脑外伤、外伤性尿崩症等。根据某区职工劳动能力鉴定委员会出具的伤情鉴定，杨某某因工致残程度四级。杨某某与宝冶公司发生工伤保险赔偿纠纷，经仲裁和法院判决，宝冶公司已就杨某某的工伤事故承担了一定的费用。杨某某后因赔偿纠纷，诉至法院。

法律分析

法院经审理认为，因用人单位以外的第三人侵权造成劳动者人身损害，构成工伤的，赔偿权利人在获得工伤保险赔偿以后，仍有权请求第三人承担赔偿责任。《工伤保险条例》第十四条规定："职工有下列情形之一的，应当认定为工伤：（一）在工作时间和工作场所内，因工作原因受到事故伤害的；（二）工作时间前后在工作场所内，从事与工作有关的预备性或者收尾性工作受到事故伤害的；（三）在工作时间和工作场所内，因履行工作职责受到暴力等意外伤害的；（四）患职业病的；（五）因工外出期间，由于工作原因受到伤害或者发生事故下落不明的；（六）在上下班途中，受到非本人主要责任的交通事故或者城市轨道交通、客运轮渡、火车事故伤害的；（七）法律、行政法规规定应当认定为工伤的其他情形。”该规定明确了应当认定为工伤的法定情形，只要符合上述法定情形，职工所受伤害无论是否由第三人侵权引起，都应当认定为工伤。换言之，是否存在第三人侵权不影响工伤的认定，故法院判决宝冶公司应当对杨某某承担赔偿责任。

《安全生产法》第56条规定：“生产经营单位发生生产安全事故后，应当及时采取措施救治有关人员。因生产安全事故受到损害的从业人员，除依法享有工伤保险外，依照有关民事法律尚有获得赔偿的权利的，有权提出赔偿要求。”因此，因用人单位以外的第三人侵权造成劳动者人身损害，构成工伤的，该劳动者既是工伤事故中的受伤职工，又是侵权行为的受害人，有权同时获得工伤保险赔偿和人身侵权赔偿；用人单位和侵权人均应当依法承担各自所负赔偿责任，即使该劳动者已从其中一方先行获得赔偿，亦不能免除或者减轻另一方的赔偿责任。因此，在上述案例中，宝冶公司不能免除自己的赔偿责任。

10. 生产经营单位将生产经营项目发包给不具备安全生产条件或者相应资质的单位或者个人的，发生事故后如何承担责任?

基本案情

新宁县路桥公司通过签订合同，承包了隆回县交通局某水泥硬化公路工程，并成立了新宁县路桥公司驻隆回通乡公路二十二标段项目经理部，由曾某某具体负责。某日，新宁县路桥公司向隆回县通乡油路工程建设有限责任公司出具了一份授权书，授权曾某某为其代理人，从当日开始代表其办理该工程结算与银行支付业务。此前，曾某某与颜某某曾签订《砼水泥路面承包合同》，将该路段的水泥路面工程交颜某某具体负责施工管理。随后，颜某某便组织人员对该工程进行施工。在施工过程中，颜某某雇请了杨某某为混凝土铲车进料。某日傍晚，杨某某为赶第二天的工程进度，在检修铲车时，左手被铲车皮带绞伤，造成左食指不全离断并血管神经肌腱损伤，左中指、环指大部分缺如。杨某某因损害赔偿纠纷诉至法院。

经调查，颜某某事发前曾参加了邵阳市农村公路建设施工培训，并获得了邵阳市交通局颁发的合格证。同时，颜某某组织的北塔区某施工队也获得了邵阳市交通局颁发的《施工准入证书》，具备邵阳市农村公路通畅通达工程施工资格。但是颜某某的施工队没有取得安全生产许可证，不具备安全生产条件。

法律分析

法院经审理认为，杨某某在雇佣期间检修铲车的行为系从事雇佣活动，其在检修铲车过程中发生安全生产事故从而遭受人身损害，颜某某对此应当承担赔偿责任。曾某某系新宁县路桥公司驻隆回通乡公路二十二标段项目经理部的负责人，新宁县路桥公司出具书面授权书，授权曾某某代表其在二十二标段办理工程结算与银行支付业务，对此可视为新宁县路桥公司对曾某某在该工程项目中代理权的确认以及对曾某某此前在该工程项目中的代理权的追认，因此，曾某某与颜某某签订承包合同将水泥路面工程交颜某某施工的行为应视为新宁县路桥公司的转包、分包行为。新宁县路桥公司通过签订合同承包到公路工程后，又将该工程转包给没有安全生产条件的个人承包，在将该工程转交给颜某某具体负责施工后，既没有对施工人员进行必要的业务培训和安全生产教育，也没有对颜某某的施工工作情况进行监督和管理，因而引起事故发生。

《最高人民法院关于审理建设工程施工合同纠纷案件适用法律问题的解释（一）》第1条第2款规定："承包人因转包、违法分包建设工程与他人签订的建设工程施工合同，应当依据民法典第一百五十三条第一款及第七百九十一条第二款、第三款的规定，认定无效。"《民法典》第1192条规定："个人之间形成劳务关系，提供劳务一方因劳务造成他人损害的，由接受劳务一方承担侵权责任。接受劳务一方承担侵权责任后，可以向有故意或者重大过失的提供劳务一方追偿。提供劳务一方因劳务受到损害的，根据双方各自的过错承担相应的责任。”因此，杨某某与颜某某之间成立雇佣关系，应对杨某某的人身损害承担赔偿责任，而新宁县路桥公司将承包的公路工程转包给没有安全生产条件的个人承包，因违反法律强制性规定而无效，故新宁县路桥公司应对杨某某的人身损害承担连带赔偿责任。同时经调查，曾某某仅是新宁县路桥公司在此工程项目中的代理人，在本案中不直接承担民事赔偿责任。

11. 生产经营者出租设备可以因租赁合同约定免责而不对安全事故损失承担责任吗？

基本案情

甲公司租某化工厂的氯化胆碱设备及部分办公场所和其他设施进行氯化胆碱租赁生产经营，合同约定甲公司在生产过程中发生安全事故的，损失由甲公司负担，租赁期限为三年。甲公司没有相应的安全生产资质。租赁期间的某日，甲公司租赁某化工厂所有的氯化胆碱反应釜发生爆炸，致使与其相邻的乙公司的1台滚动窑炉、1台干燥塔、1扇门、2个窗户、20平方米玻璃、17平方米瓷砖受损，经评估，上述物品损失为455600元。

法律分析

法院经审理认为，甲公司在不具有相应的安全生产资质的情况下进行氯化胆碱生产，主观上具有明显的过错，在生产的过程中造成他人的财产受损，应当承担赔偿责任；某化工厂明知甲公司不具有相应的安全生产资质，却将其氯化胆碱设备出租给甲公司租赁经营，依法应承担连带赔偿责任。某化工厂与甲公司之间的租赁经营合同中关于在生产过程中发生安全事故的损失由甲公司负担的条款与国家安全生产法规相违背，故某化工厂主张不承担赔偿的理由无效。关于乙公司所受损失，没有证据能说明甲公司氯化胆碱反应釜爆炸对乙公司的设备受损承担何种程度之责任，故酌情确定甲公司对乙公司的损失承担65%的责任。法院判决甲公司赔偿乙公司财产损失294204.82元，某化工厂对上述损失承担连带赔偿责任。

生产经营单位与承包单位、承租单位在安全生产管理方面的决定，只对约定双方有约束力，不具有对外效力。也就是说，生产经营单位不能因为有了约定而减轻自己在安全生产方面的责任，生产经营单位应对该项目、场所的安全生产全面负责。生产经营单位对承包单位、承租单位的安全生产工作统一协调、管理，还要定期进行安全检查，发现安全问题的，应当及时督促整改。如果该生产经营项目、场所有违反安全生产法或有关法律、行政法规关于安全生产的管理规定的行为，应由生产经营单位承担相应的责任；如果发生了生产安全事故，生产经营单位应承担相应的责任。生产经营单位在承担了相应的责任后，可以根据安全生产管理协议的约定，追究承包单位、承租单位的责任。

本案中，甲公司在不具有相应的安全生产资质的情况下进行氯化胆碱生产，造成他人的财产受损，应当承担赔偿责任；某化工厂将其氯化胆碱设备出租给不具有相应的安全生产资质的甲公司，依法应承担连带赔偿责任。某化工厂与甲公司之间的免责条款因违法而无效，其对事故损失承担连带赔偿责任。

12. 应急管理部门作出的责令暂时停产停业决定是否侵犯生产经营单位的经营权？

基本案情

某日，某市应急管理局在检查过程中，发现某采石场存在放炮安全距离不符合要求，生产作业过程中对周边环境影响较大，且群众反映强烈的情况。为此，根据《安全生产法》第65条之规定，某市应急管理局对某采石场作出强制措施决定，责令其所有作业人员撤出作业区域内；责令暂时停产停业。待重大事故隐患排除后，经审查同意，方可恢复生产。某采石场不服某市应急管理局决定，遂向法院提起行政诉讼，主张某市应急管理局侵犯其生产经营权，请求某市应急管理局赔偿其经济损失。

法律分析

法院经审理认为，由于某采石场存在放炮不符合安全要求，被某市应急管理局责令暂时停产停业后，未得到某市应急管理局的审查许可，仍旧进行违法生产，其主张的某市应急管理局侵犯其正常的生产经营权，给其造成经济损失的请求不予支持。

应急管理部门和其他负有安全生产监督管理职责的部门履行监督检查职责时应遵循一项重要的规则，即监督检查不得影响被检查单位的正常生产经营活动。这里所说的“正常生产经营活动”，是指没有违反安全生产要求、履行了安全生产义务的生产经营活动。而对于在检查中发现的违法行为，事故隐患、重大事故隐患，不符合保障安全生产的国家标准或者行业标准的设施、设备、器材，违法生产、储存、使用、经营、运输的危险物品，违法生产、储存、使用、经营危险物品的作业场所，分别采取当场纠正或者要求限期改正，责令立即排除，责令暂时停产停业、停止使用相关设施或者设备，查封、扣押等措施，不属于影响正常生产经营活动。因此，本案中某市应急管理局作出的责令采石场停产停业的决定符合法律规定，并未侵犯采石场的生产经营权。

13. 生产经营单位对因安全生产资金投入不足发生的安全事故要承担责任吗？

基本案情

某医院为建职工宿舍楼，将该工程的主体土建部分发包给巫某某、陈某某建设，但二人均无建设该职工宿舍楼的相应资质；将该工程的模板安装发包给刘甲、刘乙施工，刘甲、刘乙也均无承包该职工宿舍楼模板安装的相应资质，但刘甲并未参加该工程的建设，该工程合同约定的权利和义务均由刘乙享有和承担。建设中，巫某某、陈某某雇请刘丙等人为其做工，刘丙无上岗证；刘乙雇请刘丁为其做工，刘丁也无上岗证。某日，刘丁在某医院职工宿舍楼五楼楼梯间拆支撑时，拆下的支撑顺着楼梯下落，碰到其他支撑，其他支撑又碰到放在四楼阳台上的砖块，致使砖块下落，砸伤正在宿舍楼底层筛砂的刘丙。刘丙受伤后因索要医药费等向法院提起诉讼。

法律分析

法院经审理后认为，巫某某、陈某某明知自己无相应资质而承包该工程，并雇请无上岗证的刘丙作为工人，刘丙在施工中未按规定配戴安全帽，任意将砖块堆放在无防护措施的阳台上，这些情况是造成损害后果发生的重要原因，所以，巫某某、陈某某对此损害后果的发生负有较大责任，酌定为45%；某医院作为宿舍楼建设的业主，兴建职工宿舍楼应当具备安全生产条件所必需的资金投入，并应对该工程的安全工作全面负责，而医院将该工程发包给无资质的人员承建，并未在承包合同中明确约定建筑安全网的设置，对损害后果的发生负有一定的责任，酌定为30%；被告刘乙明知自己无建设资质，而进行模板安装工程承包，并雇请无上岗证的刘丁施工，在施工中明知存有大量安全隐患而未做到安全、谨慎施工，对损害后果发生也有一定的责任，酌定为25%；刘丁是在从事雇佣事务中造成的损害，应由其雇主承担直接赔偿责任，刘丁在本案不承担责任。

14. 特种作业人员上岗应具备相应的资格吗？

基本案情

廖某某修建私房过程中，经他人介绍，与预制板厂业主张某某达成水泥预制板买卖口头协议。某日，廖某某电话要求张某某送板、吊板。张某某便电话通知柳某某到廖某某家吊板。次日下午，在张某某的一再催促下，柳某某组织龚某某等人，带着吊机等机械赶到廖某某家吊板作业。在吊到第五块预制板时，龚某某抓住预制板一拉，因站立不稳，从二楼的墙体上摔下致伤。柳某某边电话告知龚某某亲友，边组织抢救。龚某某终因抢救无效死亡。龚某某亲属因赔偿纠纷诉至法院。

法律分析

法院经审理认为，龚某某在不特定的期间内，从事柳某某组织的劳务活动，柳某某按约定给龚某某支付报酬，柳某某与龚某某之间形成了雇佣关系，柳某某应对龚某某的死亡所造成的经济损失承担赔偿责任。张某某将吊板工程交给柳某某作业，形成了承揽合同关系。但柳某某不具备吊板特种作业资质，张某某存在选任失当的过失，对龚某某死亡所造成的经济损失，应承担相应的赔偿责任，并对柳某某的实际赔偿义务承担连带责任。

特种作业人员所从事的工作，在安全程度上与单位内的其他工种有较大差别。他们在工作中接触的危险因素较多，危险性较大，很容易发生生产安全事故。而一旦发生事故，不仅对作业人员本人，而且会对他人和周围设备、设施造成很大危害。对特种作业人员进行专门的培训教育，实行严格的管理，减少他们的失误，对防止和减少生产安全事故具有重要意义。

15. 生产经营单位的特种作业人员未取得相应资格上岗作业应受处罚吗？

基本案情

琼华公司因承建某市公寓工程与邓某某（未经安全生产培训、无特种作业操作资格证书）订立有关该工程的《脚手架安装、拆除合同书》。某日，邓某某雇佣的工人王某某在拆除该工程的井字架时，将三块竹排搬到该工程的井字架的吊篮里，并要求琼华公司的电工李某某（无升降机设备即特种作业操作资格证书）开机送其和竹排上楼顶。在没有固定吊篮里的竹排的情况下，李某某开动升降机因震动使竹排倾斜，吊篮钢丝断裂，致使吊篮坠落，王某某身体失衡，造成其颈部被钝物挫伤大出血而休克死亡。

法律分析

某市应急管理局经过调查、处罚事先告知等程序后作出《行政处罚决定书》，认定琼华公司的“特种作业人员未取得资格证书就从事操作，将项目发包给不具安全条件或资质的单位或个人，导致事故发生”，依照《安全生产法》第97条、第98条之规定，对琼华公司作出罚款决定。

生产经营单位的特种作业人员必须按照国家有关规定经专门的安全作业培训，取得相应资格，方可上岗作业。特种作业人员的资格是安全准入类，属于行政许可范畴，由主管的负有安全生产监督管理职责的部门实施特种作业人员的考核发证工作。特种作业人员未按照规定经专门的安全作业培训并得相应资格就上岗作业的，其所在的生产经营单位将根据《安全生产法》第 97 条的规定承担相应的法律责任。因此，琼华公司安排无升降机设备即特种作业操作资格证书的李某某上岗，并造成安全事故，应当受到处罚并承担相应的责任。

16. 买卖、存储危险化学品必须注意哪些事项？

基本案情

王某某、金某某在未依法取得剧毒化学品购买、使用许可的情况下，约定由王某某出面购买剧毒化学品氰化钠。2016 年 10 月至 2017 年年底，王某某先后 3 次以每桶 1000 元的价格向倪某某购买氰化钠，共支付给倪某某 4 万元。2018 年 8 月至 2019 年 9 月，王某某先后 3 次以每袋 975 元的价格向李某某购买氰化钠，共支付给李某某 117000 元。王某某、金某某均将上述氰化钠储存在某公司其二人各自承包车间的带锁仓库内，用于电镀生产。2018 年 5 月和 2019 年 7 月，孙某某先后共用 2000 元向王某某分别购买氰化钠 1 桶和 1 袋。2018 年 7 月至 8 月，钟某某以每袋 1000 元的价格向王某某购买氰化钠5袋。2019年9月，周某某以每袋1000元的价格向王召成购买氰化钠3袋。孙某某、钟某某、周某某购得氰化钠后，均储存于各自车间的带锁仓库或水槽内，用于电镀生产。

法律分析

上述案例中，当事人在不具有剧毒化学品购买、使用许可的情况下，买卖剧毒化学品，存在巨大安全隐患。危险物品以及废弃危险物品具有较大的危险性，一旦发生事故，将会对国家和广大人民群众的生命财产安全造成重大损害。我国对危险物品从生产到处置的各个环节都实行规范管理，制定了相应的法律、法规和标准，如《危险化学品安全管理条例》《易制爆危险化学品治安管理办法》《危险化学品安全使用许可证实施办法》《危险化学品生产企业安全生产许可证实施办法》等，采取必要的监管措施，可以有效降低危险物品发生事故的概率，确保与危险物品相关的生产经营活动能安全、顺利地进行。

17. 生产经营者与从业人员签订的免责合同有效力吗？

基本案情

某水泥厂为甲方，该厂爆破员谭某某为乙方，签订石料购销合同，约定：甲方将石厂的一部分区域承包给乙方开采，以保证甲方生产需要。双方除约定石料价格外，还签订安全合同，约定：由甲方按每吨石料支付乙方安全管理费15元，如无任何安全事故发生，甲方年终一次性奖给乙方安全奖2万元。石料开采放炮区内所有人、畜、物安全事故管理及安全隐患造成的经济损失及补偿均由乙方负责。某日上午，李某某驾驶农用拖拉机为某水泥厂运输石料，在谭某某所管理的矿区装料过程中，被矿山上滚落的石头砸中驾驶室座椅背靠，致使身体受伤，经过半年治疗以后，法医鉴定为五级伤残。后，李某某向人民法院提起诉讼，请求判令某水泥厂对其人身损害进行赔偿。经水泥厂申请，人民法院追加谭某某为被告。

法律分析

法院经审理认为，李某某在某水泥厂所有、由谭某某承包经营的石厂内受伤，因某水泥厂系石厂的所有权人，该厂有督促、检查安全生产，及时消除安全事故隐患的职责和对事故发生后的伤者进行处理、挽救和承担赔偿的责任。某水泥厂与谭某某之间订立的石料购销合同实为一种内部承包关系，双方签订的安全合同违反了《安全生产法》第52条第2款的规定，是无效合同。谭某某不是本案中承担民事责任的适格主体。据此，判决由某水泥厂承担对李某某的赔偿责任。

根据《安全生产法》第52条第2款的规定，禁止生产经营单位以任何形式与从业人员订立免除或者减轻其对从业人员因生产安全事故伤亡依法应承担的责任的协议。实践中存在采矿业、建筑业的一些生产经营单位强迫劳动者与其订立违反法律规定，逃避安全事故责任的协议“生死合同”。一旦发生人身伤亡事故，只给受害人或者其家属很有限的金钱赔偿，就不再承担任何责任。这些协议以牺牲从业人员的正当权利，逃避安全生产事故责任，对抗国家的安全生产监督管理为目的，破坏安全生产秩序，严重损害了从业人员的合法权益，是对生命尊严的践踏，社会影响恶劣，必须予以禁止。

18. 从事剧毒化学品运输工作的专业人员应履行哪些义务？

基本案情

康某某、王某均为驾驶员，且具有从事危险品运输的专业资格。2020年3月28日上午，康某某、王某接到命令，需向某公司运输液氯。29日上午，王某到某化工公司申请装货。该公司负责销售工作的经理刘某和公司副总经理朱某某违反拖挂罐体车的核定载重量，批准为该车充装40．44吨液氯。当日约18时40分，该车在行驶途中左前轮轮胎突然爆裂，致使车辆方向失控，发生事故。事发时，恰有另一辆半挂车在上行车道驶来。该车驾驶员紧急避让未成功，其车体左侧与侧翻的拖挂罐体车顶部碰刮后冲下护坡。碰剐中，拖挂罐体车顶部的液相阀和气相阀脱落，罐内液氯大量泄漏。康某某、王某看到液氯泄漏后，立即逃离现场，次日下午向警方投案自首。该起液氯泄漏事故，造成张某、马某及事故现场周边地区大量群众中毒，并造成大量人员伤亡。此外，1万余名村民被迫疏散转移，并造巨大财产损失。

某市公安局交通巡逻警察支队京沪高速公路大队对交通事故责任经调查认定：康某某驾驶机件不符合安全技术标准的车辆运输剧毒化学品且严重超载，导致左前轮爆胎，罐车侧翻，液氯泄漏，是造成此次特大事故的直接原因。王某作为驾驶员兼押运员，对运输剧毒化学品的车辆安全行驶负有重要监管职责，却纵容安全机件不符合技术标准且严重超载的剧毒化学危险品车辆上路行驶，是造成此次事故发生的又一直接原因。事故发生后，康某某、王某逃离现场，应共同负事故的全部责任。

法律分析

根据《刑法》第133条之一的规定，在道路上驾驶机动车，违反危险化学品安全管理规定运输危险化学品，危及公共安全的，构成危险驾驶罪，处拘役，并处罚金。机动车所有人、管理人对上述行为负有直接责任的，依照该条款的规定按照危险驾驶罪定罪处罚。若上述行为还同时构成其他犯罪，则依照处罚较重的规定定罪处罚。《刑法》第136条规定，违反爆炸性、易燃性、放射性、毒害性、腐蚀性物品的管理规定，在生产、储存、运输、使用中发生重大事故，造成严重后果的，处三年以下有期徒刑或者拘役；后果特别严重的，处三年以上七年以下有期徒刑。

生产经营单位的安全生产管理人员及负责人应当恪尽职守，依法履行职责，不得违规操作。此外，从事剧毒化学品运输工作的专业人员，在发生交通事故致使剧毒化学品泄漏后，有义务利用随车配备的应急处理器材和防护用品抢救对方车辆上的受伤人员，有义务在现场附近设置警戒区域，有义务及时报警并在报警时主动说明危险物品的特征、可能发生的危害，以及需要采取何种救助工具与救助方式才能防止、减轻以至消除危害，有义务在现场等待抢险人员的到来，利用自己对剧毒危险化学品的专业知识以及对运输车辆构造的了解，协助抢险人员处置突发事故。从事剧毒化学品运输工作的专业人员不履行这些义务，应当对由此造成的特别严重后果承担责任。

19. 无行政处罚权的机关作出的安全生产行政处罚决定应当予以撤销吗？

基本案情

甲煤矿是某煤炭运销公司具有独立经营权的小型煤矿。2019年9月12日，甲煤矿因矿工违规操作导致瓦斯爆炸造成5人死亡，属于重大矿难事故。事故发生后因某煤炭运销公司隐瞒真相直至2019年12月23日该事故才得到查处。2020年4月17日，某市人民政府作出“关于对某煤矿实施关闭的通知”。通知要求各有关乡、镇人民政府、人民政府有关部门，各有关单位，对甲煤矿实施关闭，并要求相关部门依法吊销其有关证照。某市人民政府的关闭通知下发后，各有关部门于2020年7月对甲煤矿实施了关闭，但该关闭通知未送达给某煤炭运销公司。该公司不服，遂诉至法院。

法律分析

法院经审理认为，某市人民政府对某煤炭运销公司具有独立经营权的甲煤矿予以关闭，其实质及产生的法律后果是一种行政处罚行为。某市人民政府被诉关闭煤矿通知所依据的《某省人民政府办公厅关于印发某省煤矿专项整顿工作实施方案的通知》，以及《某市人民政府办公厅关于印发某市煤矿专项整顿工作实施方案的通知》，印发的煤矿专项整顿工作实施方案，均要求对违反煤炭生产有关法律法规及规定和不具备安全生产条件的小煤矿依法实施关闭。某市人民政府下发关闭煤矿通知以及组织有关部门实施关闭煤矿行为，仅依据上述煤矿专项整顿工作实施方案，而未按照上述煤矿专项整顿工作实施方案的要求依照相关法律法规的规定，属适用法律错误。根据《安全生产法》第 113 条、第 114 条的相关规定，对经停产停业整顿仍不具备安全生产条件的生产经营单位予以关闭，予以关闭的行政处罚由负责安全生产监督管理的部门报请县级以上人民政府按照国务院规定的权限决定。某市人民政府在甲煤矿发生事故后，未对某煤矿进行停产停业整顿，也未履行行政处罚的法定程序，即直接下发关闭煤矿的通知，关闭煤矿的通知违反法定程序，依法应予撤销。因此，法院判决撤销某市人民政府关闭煤矿的通知。

行政处罚，是行政执法机关为了维护公共利益和社会秩序，保护公民、法人和其他组织的合法权益，对违反行政管理秩序，依法应当给予行政相对人的法律制裁。《安全生产法》规定的行政处罚包括责令停产停业整顿、没收违法所得、罚款等。根据《安全生产法》第10条的规定，国务院和地方各级人民政府应急管理部门依照本法对安全生产工作实施综合监督管理，有关部门依照本法和其他有关法律在各自的职责范围内对有关的安全生产工作实施监督管理。本案中，某市人民政府不属于《安全生产法》规定的享有行政处罚权的职权机关，故其所作出的关闭煤矿的通知不符合法律规定，应当予以撤销。

20. 生产经营单位在何种情况下应设置安全警示标志?

基本案情

2021年5月20日晚8时许，李某某驾驶小型拖拉机沿公路行驶时，轧上路上堆放的石子堆，致拖拉机翻倒，李某某当场死亡。李某某有机动车驾驶证及拖拉机行驶证。该路段正由某工程公司承建施工。在事发路段，某工程公司并未设置明显的安全警示标志，从而导致李某某未注意到施工处堆放的石堆。李某某亲属因赔偿纠纷诉至法院。

法律分析

实践中，对于生产经营场所或者有关设备、设施存在的较大危险因素，从业人员或者其他有关人员因不够了解或者不够重视，最终造成严重的后果的事件多发。根据《民法典》第1256条的规定，在公共道路上堆放、倾倒、遗撒妨碍通行的物品造成他人损害的，由行为人承担侵权责任。公共道路管理人不能证明已经尽到清理、防护、警示等义务的，应当承担相应的责任。本案中，某工程公司在道路施工过程中堆放石堆，未按规定设置安全警示标志，未尽到相关义务，应当对李某某的死亡承担赔偿责任。

《安全生产法》第35条规定，生产经营单位应当在有较大危险因素的生产经营场所和有关设施、设备上，设置明显的安全警示标志。这里的“危险因素”，主要指能对人造成伤亡或者对物造成突发性损害的各种因素。同时，安全警示标志应当设置在作业场所或者有关设施、设备的醒目位置，一目了然，让每一个在该场所从事生产经营活动的从业人员或者该设施、设备的使用者，都能够清楚地看到。这样才能真正起到警示作用。

根据《安全生产法》第99条的规定，生产经营单位未在有较大危险因素的生产经营场所和有关设施、设备上设置明显的安全警示标志的，责令限期改正，处5万元以下的罚款；逾期未改正的，处5万元以上20万元以下的罚款，对其直接负责的主管人员和其他直接责任人员处1万元以上2万元以下的罚款；情节严重的，责令停产停业整顿；构成犯罪的，依照《刑法》有关规定追究刑事责任。

21. 对于经停产停业整顿仍不具备安全生产条件的生产经营单位如何处理？

基本案情

印某某于2010年起从事磷矿开采，并办理了相关手续。2017

年4月17日某县人民政府根据2017年4月15日某镇人民政府《关于请求紧急整顿城镇黑矿开采的报告》，组成安全生产检查组，对辖区内个体开采户的矿洞进行安全生产检查。检查中发现，印某某的矿洞存在采掘面超宽，洞内照明采用煤气灯等安全隐患，于是对印某某提出整改意见和限期整改的要求，并处罚款。2019年8月6日，某县应急管理局等相关部门再次到原告印某某已停止生产的矿洞检查时发现：(1) 其安全隐患整改没有到位；(2) 其矿井是独眼矿井；(3) 无开采设计方案无设计施工图；(4) 以采代掘，主干洞超宽超高，遂予以立案查处，并于2019年9月30日作出了关闭其矿洞和吊销其《矿山开采安全合格证》的行政处罚。2021年3月7日，某市国土资源局根据印某某矿洞的安全隐患状况，为预防矿山安全事故的发生，经某县人民政府提出申请，在履行必要的告知、听证等程序后，对印某某作出予以关闭矿场，并吊销其《采矿许可证》的行政处罚决定。

法律分析

《安全生产法》第102条规定，生产经营单位未采取措施消除事故隐患的，责令立即消除或者限期消除，处5万元以下的罚款；生产经营单位拒不执行的，责令停产停业整顿，对其直接负责的主管人员和其他直接责任人员处5万元以上10万元以下的罚款；构成犯罪的，依照《刑法》有关规定追究刑事责任。第112条规定，生产经营单位违反本法规定，被责令改正且受到罚款处罚，拒不改正的，负有安全生产监督管理职责的部门可以自作出责令改正之日的次日起，按照原处罚数额按日连续处罚。第 113 条规定，生产经营单位经停产停业整顿，仍不具备法律、行政法规和国家标准或者行业标准规定的安全生产条件的，负有安全生产监督管理职责的部门应当提请地方人民政府予以关闭，有关部门应当依法吊销其有关证照。生产经营单位主要负责人五年内不得担任任何生产经营单位的主要负责人；情节严重的，终身不得担任本行业生产经营单位的主要负责人。

由此可见，2021 年修正的《安全生产法》对生产经营单位未采取措施消除事故隐患的情况规定了更为严厉的处罚方式。对于该种情况，一经发现即责令整改并处罚款，拒不整改的，责令停产停业整顿。对于经停产停业整顿仍不具备安全生产条件的，说明该生产经营单位根本不具备保证生产安全的基本条件，不能再继续从事生产经营活动，应当予以关闭。在予以关闭的同时，有关部门还应当依法吊销其有关证照。对于该生产经营单位的主要负责人，《安全生产法》作出了从业限制的规定，即五年内不得担任任何生产经营单位的主要负责人；情节严重的，终身不得担任本行业生产经营单位的主要负责人。

本案中，印某某因矿洞生产存在安全隐患被安检组责令限期整改后，仍未排除安全隐患，并继续生产经营。因此，对印某某关闭矿场并吊销许可证的处罚决定符合法律规定。

图书在版编目（CIP）数据

安全生产法应知应会200问／中国法制出版社编．—北京：中国法制出版社，2021.6
ISBN 978－7－5216－1974－4

Ⅰ.①安…　Ⅱ.①中…　Ⅲ.①安全生产法－中国－问题解答　Ⅳ.①D922.545

中国版本图书馆CIP数据核字（2021）第109461号

责任编辑：李宏伟　　封面设计：李　宁

安全生产法应知应会200问

ANQUAN SHENGCHANFA YINGZHI YINGHUI 200 WEN

经销／新华书店
印刷／煤炭工业出版社印刷厂
开本／880毫米×1230毫米　32开　　印张／7.25　字数／102千
版次／2021年6月第1版　　2021年6月第1次印刷

中国法制出版社出版
书号 ISBN 978－7－5216－1974－4　　定价：29.80元

北京西单横二条2号　邮政编码100031　　传真：010－66031119
网址：http：//www.zgfzs.com　　**编辑部电话：010－63141798**
市场营销部电话：010－66033393　　**邮购部电话：010－66033288**

（如有印装质量问题，请与本社印务部联系调换。电话：010－66032926）